Veronika Pichl

Meal Prep
MIT DEM THERMOMIX®

Veronika Pichl

Meal Prep
MIT DEM THERMOMIX®

Gesunde Mahlzeiten vorbereiten, mitnehmen und Zeit sparen

riva

Bibliografische Information der Deutschen Nationalbibliothek:
Die Deutsche Nationalbibliothek verzeichnet diese Publikation in der Deutschen Nationalbibliografie. Detaillierte bibliografische Daten sind im Internet über https://dnb.de abrufbar.

Für Fragen und Anregungen
info@m-vg.de

Wichtiger Hinweis
Sämtliche Inhalte dieses Buches wurden – auf Basis von Quellen, die die Autorin und der Verlag für vertrauenswürdig erachten – nach bestem Wissen und Gewissen recherchiert und sorgfältig geprüft. Alle Rezepte in diesem Buch wurden für den Thermomix® TM5 entwickelt und mit diesem getestet. Bitte beachten Sie: Der Mixtopf des Thermomix® TM5 ist größer als der des TM31 (Kapazität von 2,2 Litern anstatt 2,0 Liter beim TM31). Daher dürfen aus Sicherheitsgründen die Rezepte aus diesem Buch nur dann mit dem TM31 nachgekocht werden, wenn die Mengen angepasst wurden. Achten Sie auf die Füllstandsmarkierungen und überschreiten Sie die maximale Füllmenge nicht. Der Verlag und die Autorin haften für keine nachteiligen Auswirkungen, die in einem direkten oder indirekten Zusammenhang mit den Informationen stehen, die in diesem Buch enthalten sind. Thermomix® ist ein eingetragenes Warenzeichen der Vorwerk & Co. KG. Diese Publikation ist kein offizielles Lizenzprodukt der Vorwerk & Co. KG.

Ausschließlich zum Zweck der besseren Lesbarkeit wurde auf eine genderspezifische Schreibweise sowie eine Mehrfachbezeichnung verzichtet. Alle personenbezogenen Bezeichnungen sind somit geschlechtsneutral zu verstehen.

Originalausgabe
6. Auflage 2026

Türkenstraße 89
80799 München
Tel.: 089 651285-0

Redaktion: Ulrike Reinen
Umschlaggestaltung: Manuela Amode
Umschlagabbildungen: Vorderseite: Elena Veselova/shutterstock.com; Rückseite: Marisa Böckler, PosiNote/shutterstock.com, Vladyslav Rasulov/shutterstock.com, SEAGULL_L/shutterstock.com
Satz: Röser MEDIA GmbH & Co. KG, Karlsruhe
Druck: Florjancic Tisk d.o.o., Slowenien
Printed in the EU

ISBN Print 978-3-7423-0700-2
ISBN E-Book (PDF) 978-3-7453-0281-3
ISBN E-Book (EPUB, Mobi) 978-3-7453-0282-0

Inhalt

Gesund und zeitsparend genießen – dank Meal Prep mit dem Thermomix®

Zwischen Alltag, Haushalt und den täglichen Verpflichtungen kommt gesundes Essen manchmal einfach zu kurz. Schließlich ist es oft leichter, in der Mittagspause zu einem schnellen Snack zu greifen, sich mit dem zu begnügen, was die Kantine hergibt oder nach einem anstrengenden Arbeitstag auf langwieriges Kochen zu verzichten. Ganz selbstverständlich fällt die Wahl allzu oft auf Pizza, Pommes oder Currywurst – alles andere wäre einfach zu stressig.

Und von Stress haben die meisten von uns ohnehin schon genug – schließlich macht er sich mittlerweile in allen Lebensbereichen breit und lässt uns chronisch zu wenig Zeit für Freunde, Familie, Hobbys oder für eine bewusstere Ernährung. Er erlaubt uns nicht wirklich, auf den Körper zu achten und kann auf lange Sicht sogar krank machen.

Fehlt es an genügend Zeit für eine ausgewogene Ernährung, ausreichend Entspannung und eine aktive Freizeitgestaltung, fühlen wir uns schnell antriebslos. Statt eine gesunde Mahlzeit zuzubereiten, einen Spaziergang an der frischen Luft zu machen oder sportlich aktiv zu werden, greifen wir immer öfter zu fettigen und nährstoffarmen Fertiggerichten und Snacks. Schnell stellt sich da ein Mangel an Energie ein, der einen gesünderen, aktiveren Lebensstil schließlich in weite Ferne rücken lässt.

Es versteht sich von selbst, dass dies auf Dauer nicht nur den Körper, sondern auch die Seele belastet. Doch wie kann es im Alltag gelingen, mehr Zeit für Bewegung, frische, ausgewogene Küche und andere Dinge zu schaffen, die wirklich wichtig sind? Immerhin kostet es doch schon jetzt allergrößte Mühe, Haushalt, Arbeitsalltag, gesunde Ernährung und vieles mehr unter einen Hut zu bekommen.

Die Antwort auf diese Frage liegt näher, als viele denken, und hat schlicht und einfach damit zu tun, auf welche Weise die alltäglichen Aufgaben bewältigt werden. Bereiten Sie sich gut vor, gelingt vieles gleich viel leichter und stressfreier – statt noch mehr Stress und negative Gefühle zu verursachen. Logisch also, dass eine gute Vorbereitung auch dabei hilft, frischer zu kochen, Lebens- und Essgewohnheiten zu verbessern und gleichzeitig mehr Zeit für die angenehmen Dinge des Lebens zu haben. Und gerade dabei hilft Ihnen Meal Prep mit dem Thermomix®.

Die clevere Planung und das Vorbereiten von Gerichten unterstützen Sie dabei, Zeit einzusparen. So müssen Sie sich nur noch im Vorfeld Gedanken über den Einkauf und die Zubereitung machen und können später dann nach Bedarf genießen. Ganz nebenbei fällt es mit Meal Prep außerdem leichter, auf das zu achten, was wir essen. Schließlich werden nur gesunde Zutaten zubereitet, die Energie und wertvolle Nährstoffe liefern. So ist es plötzlich ganz leicht, dem Körper etwas Gutes zu tun, eine Diät einzuhalten oder endlich mehr Energie für Sport und mehr Bewegung aufzubringen.

Aussuchen können Sie sich dabei natürlich, ob Sie nur eine Mahlzeit des Tages oder gleich mehrere Gerichte vorbereiten möchten. Wer bei der Arbeit beispielsweise oft zu einem ungesunden Imbiss greift, bereitet darum am besten auch gleich eine Lunchbox vor. Bald schon werden Sie spüren, wie sich dies durch mehr Energie, Leistungsfähigkeit und weniger Stress bezahlt macht.

Dieses Buch hilft Ihnen dabei, gesunde und ausgewogene Mahlzeiten im Handumdrehen vorzubereiten und erklärt, worauf es beim »Meal Preppen« wirklich ankommt. Tatkräftige Unterstützung beim Kochen, Zerkleinern, Vorbereiten, Dämpfen, Hacken, Pürieren und noch so vielem mehr leistet dabei der Küchenalleskönner Thermomix®. Damit gelingen Ihnen leckere und gesunde Gerichte schnell, zeitsparend und ohne jedes Küchenchaos.

Meal Prepping: Modetrend oder Küchenrevolution?

Meal Prepping ist mittlerweile in aller Munde und zu einem wahren Instagram- und Food-Blogger-Trend geworden. Allerdings geht es dabei um weitaus mehr als nur um das trendige Arrangieren von Mahlzeiten, um dafür besonders viele Likes in den sozialen Netzwerken zu kassieren.

Ganz im Gegenteil: Meal Prep ist beispielsweise in Asien schon seit Jahrhunderten bekannt. Selbst unseren Großeltern erschien es bereits sinnvoll und zeitsparend, Mahlzeiten vorzukochen. Und auch Sportler setzen schon seit Langem auf das Meal-Prep-Konzept. Dementsprechend ist Meal Prep also weder ein Modetrend noch eine echte Küchenrevolution – allerdings vereinen sich mittlerweile so viele Vorteile verschiedener »Meal-Prep-Vorfahren« in unseren modernen Rezepten, dass man vielleicht doch von einer kleinen Kochrevolution sprechen kann:

- Im Bereich des Leistungs- und Kraftsports kommt Meal Prep insbesondere zum Einsatz, um einen genauen Überblick über den Nährstoff- und Kaloriengehalt der Mahlzeiten zu erhalten. So kann der Sportler sicherstellen, während und nach seinem Training mit dem versorgt zu sein, was sein Körper braucht. Leistungssportlern gelingt es auf diese Weise, Trainingserfolge zu steigern und eine ausgewogene Mahlzeit immer greifbar zu haben. Schließlich wollen sich Profisportler ihre hart erarbeitete Fitness sicherlich nicht durch Fertigmahlzeiten ruinieren.

- Vorkochen hat auch hierzulande eine gewisse Tradition. Schließlich wurden schon von unseren Großeltern Suppen, Saucen und viele andere Gerichte vorbereitet und erst einige Tage später verzehrt. Hierbei standen jedoch weder eine gesunde Ernährung, die Einhaltung von bestimmten Kalorien- oder Nährstoffwerten, noch das Genießen von

frischen Mahlzeiten auch unterwegs im Vordergrund. Vielmehr ging es unseren Großmüttern eher darum, Mahlzeiten dann vorzubereiten, wenn Zeit dafür war, um sie später schnell auf den Tisch zu bringen. Außerdem mussten oft größere Mengen reifes Obst, Gemüse oder Kräuter aus dem Garten zeitnah verarbeitet werden.

- In Japan ist Meal Prepping schon seit dem fünften Jahrhundert Tradition und wird dort »Bentō« genannt. Bentō-Boxen, in denen ein abwechslungsreiches und teilweise kunstvoll zusammengestelltes Mittagessen zur Arbeit, auf Reisen oder in die Schule mitgenommen wird, sollten in Japan allerdings nicht beim Zeit sparen, Abnehmen oder Sport helfen. Vielmehr geht die Tradition auf Feldarbeiter zurück, die so ihr Mittagessen transportierten. Bentō-Boxen werden meist jeden Morgen frisch zubereitet.

- Sieht man sich diese »Vorfahren« an, könnte man sich nun die Frage stellen, was genau denn so außergewöhnlich oder innovativ an unseren Meal-Prep-Rezepten mit dem Thermomix® sein soll. Schließlich gab es die Idee des Vorkochens ganz offenbar schon viel früher und auch noch in verschiedenen Varianten. Die Antwort ist ganz einfach. Bei unseren Rezepten geht es nicht mehr nur um einen bestimmten Nutzen, vielmehr vereinen sie alle Vorteile ihrer Vorgänger-Varianten:

1. Meal-Prep-Rezepte sind gesund und nährstoffreich. Frische Zutaten werden schonend zubereitet – gerade so wie beim Meal Prepping für Sportler.
2. Meal-Prep-Gerichte lassen sich optimal mitnehmen, und viele von ihnen können auch unterwegs ohne großen Aufwand genossen werden – gerade so wie aus der Bento Box.
3. Meal-Prep-Gerichte lassen sich mit dem Thermomix® zubereiten. Der praktische Küchenhelfer nimmt uns dabei viele umständliche Arbeitsschritte ab, führt sie gleichzeitig aus und minimiert Unordnung in der Küche – das ist noch zeitsparender als Großmutters Vorkochen!

Das macht Meal-Prep-Rezepte mit dem Thermomix® aus

Wie viele sicherlich schon wissen, setzt sich der Begriff »Meal Prep« aus den Worten »meal« (Mahlzeit) und »prep« für »preparation« (Vorbereitung) zusammen und meint das Vorbereiten oder Vorkochen von Mahlzeiten. Ziemlich simpel – hilft aber dabei, viel Zeit einzusparen und gleichzeitig auch noch auf eine gesündere, frischere und natürlichere Ernährung zu achten.
Im Gegensatz zu den weniger familien- und alltagstauglichen Sportler- und Fitness-Varianten des Meal Preppings sind die in diesem Buch vorgestellten Gerichte nicht nur ein Genuss, sondern für die ganze Familie geeignet und gleichzeitig ausgewogen und abwechslungsreich. Selbstverständlich werden sie aus vielen frischen Zutaten zubereitet und sind darum reich an gesunden Nährstoffen.

Die Rezepte lassen sich außerdem ideal vorbereiten und die Speisen auch noch einige Tage nach dem Kochen lecker und frisch. So können Sie Ihre Mahlzeiten vorausplanen und vorkochen und haben auch während einer stressigen Arbeitswoche immer ein gesundes Gericht griffbereit. Das Wochenende beispielsweise eignet sich gut zum »Preppen«, während sich in der Woche niemand mehr Gedanken ums Einkaufen oder Kochen machen muss.

Noch zeitsparender und stressfreier als zu Großmutters Zeiten gelingen diese Rezepte dank der tatkräftigen Unterstützung durch den Thermomix®, der es ermöglicht, so viele Arbeitsschritte wie möglich miteinander zu vereinbaren. Das Vorbereiten gelingt viel schneller und minimiert lästige Aufräum- und Abwascharbeiten in der Küche.

Meal Prep: noch mehr Vorteile im Überblick

Meal Prep mit dem Thermomix® lässt nicht nur das Kochen stressfreier gelingen, sondern bietet noch eine Reihe weiterer Vorteile:

Zeit sparen

Wer sich für Meal Prep entscheidet, spart nicht nur Zeit bei der Zubereitung der Mahlzeiten. Mittag- und Abendessen können gleich für mehrere Tage oder eine ganze Woche vorbereitet werden, sodass auch nur ein Mal eingekauft werden muss. Abendliche hektische Gänge zum Supermarkt gehören nun der Vergangenheit an.

Die Haushaltskasse schonen

Ein Mittagessen in der Kantine, ein schneller Snack unterwegs und Spontankäufe im Supermarkt: All das ist meist nicht nur schlecht für die Figur, sondern geht auch ganz schön ins Geld. Werden Mahlzeiten jedoch im Voraus geplant, fällt es viel leichter, nur die Lebensmittel einzukaufen, die auch wirklich gebraucht werden. Und das hilft nicht nur dabei, weniger wertvolle Lebensmittel wegzuwerfen, sondern spart auch bares Geld.

Frischer und gesünder essen

Wer kennt das nicht: Am Abend kommen wir hungrig nach Hause und greifen

lieber zu einem schnellen Gericht anstatt frisch zu kochen. Da fällt die Wahl oft auf Fast Food oder ein Fertiggericht. Finden wir jedoch eine gesunde, fertig vorbereitete Mahlzeit im Kühlschrank oder Gefrierfach vor, ist es viel leichter, die gesündere Alternative zu wählen. So hilft uns Meal Prep mit dem Thermomix® dabei, gesünder zu essen, künstliche Inhaltsstoffe zu vermeiden, auf »Heißhunger-Snacks« zu verzichten oder vielleicht sogar einen bestimmten Diätplan einzuhalten.

Darüber hinaus hat man bei vorbereiteten Mahlzeiten auch die Größe der Portionen besser im Griff. Schließlich lassen sich einzelne Mahlzeiten so vorportionieren, dass sie optimal zum gewünschten Kalorienbedarf passen und der Überblick behalten wird. So lässt sich vermeiden, dass beim spontanen Kochen die Portion größer ist als der eigentliche Hunger – und am Ende dennoch nichts übrig bleibt.

Was den Thermomix® zum idealen Meal-Prep-Helfer macht

Der Thermomix® ist unendlich praktisch und erfreut sich darum größerer Beliebtheit als die meisten anderen Universal-Küchenmaschinen. Kein Wunder, schließlich kocht, zerkleinert, mixt und dämpft er verschiedenste Lebensmittel fast ohne unser Zutun. Aber warum genau soll das gerade beim Meal Prepping so praktisch sein?

Ganz einfach: Der Thermomix® macht es auch in einem noch so stressigen Alltag leicht, gesünder und zeitsparender zu kochen. Und gerade darum geht es schließlich beim Meal Prep! Hauptspeise und Beilagen können beispielsweise in nur einem Schritt zubereitet werden. Der Thermomix® zerkleinert Gemüse und Gewürze, reibt Käse, schlägt Eischnee und hilft bei vielen weiteren Arbeitsschritten. So können Sie gleichzeitig verschiedene Gerichte für mehrere Tage zubereiten.

Meal Prep mit dem Thermomix® – nachgefragt

Der Thermomix® zerkleinert, püriert, kocht und dämpft – mit diesen und vielen anderen hilfreichen Funktionen lässt er das Vorbereiten verschiedenster Speisen fast wie von selbst gelingen. Dennoch gibt es einige wichtige Tipps, die beachtet werden sollten:

Welche Gerichte sind überhaupt Meal-Prep-tauglich?

Insbesondere Gerichte mit viel frischem Gemüse eignen sich besonders gut und lassen sich zubereitet auch problemlos mehrere Tage aufbewahren. Positiver Nebeneffekt von Gerichten aus Paprika, Zucchini, Brokkoli und Co.: Sie liefern viele notwendige Vitamine und Mineralstoffe, sind aber gleichzeitig meist fett- und kalorienarm. Außerdem können, wenn es einmal besonders schnell gehen muss, auch tiefgekühlte Gemüsesorten verwendet werden. Diese enthalten die gleichen wertvollen Inhaltsstoffe, wie auch ihre frischen Kollegen.

Um die Mahlzeit ausgewogen zu gestalten, sollten außerdem gesunde Protein- und Kohlenhydratquellen nicht fehlen. Besonders gut vorbereiten lassen sich Fleisch (z. B. Rindfleisch, Geflügel oder auch Schweinefleisch), Linsen, Käse oder Bohnen, Reis, Kartoffeln und Nudeln. Allerdings muss bei einigen Lebensmitteln beachtet werden, dass sie zwar problemlos vorbereitet, allerdings nicht allzu lange gelagert werden können. Das ist beispielsweise bei Fischgerichten der Fall. Darüber hinaus ist bei Meal Prep jedoch alles erlaubt, was schmeckt und gefällt.

Wie lange lassen sich vorbereitete Gerichte aufbewahren?

Viele Meal-Prep-Gerichte lassen sich sogar eine ganze Woche lang aufbewahren. Andere hingegen, wie z. B. Gerichte mit Fisch, sollten in den ersten beiden Tagen nach ihrer Zubereitung verzehrt werden. Reis hingegen kann – vorgekocht, aber separat aufbewahrt – auch nach mehreren Tagen noch problemlos und ohne geschmackliche Einbußen gegessen werden. Manche Gerichte, etwa ein leckerer Gemüseeintopf, schmecken sogar noch besser, wenn sie ein oder zwei Tage »ziehen«. Weitere Infos zu Aufbewahrung und Haltbarkeit finden Sie in unserem Meal-Prep-Einmaleins ab S. 18.

Lassen sich auch Nudeln und Reis im Thermomix® zubereiten?

Am Anfang ist es einfacher, sich an das Vorbereiten von Grundnahrungsmitteln wie Nudeln, Kartoffeln oder Reis zu halten. Diese lassen sich meist besonders gut aufbewahren und können durch verschiedene Saucen, Beilagen, Fleisch und Gemüse sehr gut variiert werden. So entstehen mit wenigen Zutaten und geringem Aufwand gleich mehrere abwechslungsreiche Gerichte. Dabei sollte Folgendes beachtet werden:

- Im Thermomix® lassen sich bis zu 500 Gramm Pasta zubereiten. Vorteil: die Nudeln kochen nicht über und es bleibt genügend Zeit für andere Vorbereitungen. Für 500 Gramm Pasta werden 1400 Gramm Wasser verwendet und mit etwas Salz im Mixtopf zum Kochen gebracht. In das kochende Wasser werden dann die Nudeln gegeben und entsprechend der Angabe auf der Packung bei **90–100 °C / Linkslauf / Sanftrührstufe** gegart. Spaghetti können dabei einfach durch die Öffnung des Thermomix® gesteckt werden und verschwinden schon bald ganz im Mixtopf.
- Und auch Reis lässt sich ganz einfach im Thermomix® kochen. Für 4 Portionen werden dazu 1100 Gramm Wasser und etwas Salz in den Mixtopf gefüllt und 400 Gramm Reis im Gareinsatz in den Mixtopf eingehängt. Danach wird der Reis entsprechend der Packunganleitung im **Varoma / Stufe 1** gegart. Wichtig: Um ein Überkochen des Wassers zu vermeiden, den Reis erst in den Gareinsatz einwiegen (z. B. auf den Mixtopfdeckel stellen) und dann unter fließendem Wasser gut abspülen, um überflüssige Stärke abzuwaschen.

Unser Meal-Prep-Einmaleins

Meal Prep ist die ideale Methode, um einen gesunden, bewussten Ernährungsstil zu leben, und reduziert gleichzeitig Kochstress und Küchenchaos. Ein paar einfache Tipps erleichtern dabei den Einstieg. Doch keine Angst: Als Meal-Prep-Anfänger muss niemand Unsummen in geeignete Gefäße, Boxen oder unbekannte Lebensmittel und Zutaten investieren. Am besten klappt der Start mit Meal Prep, wenn man das »Abenteuer« langsam und stressfrei angeht. Schließlich muss niemand gleich zu Beginn alle Mahlzeiten für eine ganze Woche vorbereiten und portionieren.
Fangen Sie stattdessen erst einmal mit nur einem Lieblingsgericht an, das für zwei oder drei Tage vorbereitet wird. So kommt die Lust, weitere gesunde Meal-Prep-Rezepte auszuprobieren, ganz von allein. Und die Vorteile, die es bringt, immer eine leckere, gesunde Mahlzeit im Haus zu haben, überzeugen dann von selbst.

Mit Meal Prep durchstarten – so klappt's

1. Einen Meal-Prep-Tag auswählen

Es ist auf jeden Fall gerade am Anfang sinnvoll, einen Tag für die Essensvorbereitung auszuwählen, an dem etwas mehr Freizeit zur Verfügung steht. Viele Meal-Prep-Fans bevorzugen darum das Wochenende.Nicht von Erfolg gekrönt ist meist der Versuch, Meal Prep an einem stressigen Arbeitstag in den ohnehin schon vollen Zeitplan zu »quetschen«. Das wirkt oft demotivierend und lässt die Koch-Lust schnell schwinden.
Besser ist es darum, ein oder zwei entspanntere Tage auszuwählen – und das gemeinsame Kochen gerade auch für Kinder zum aufregenden Familien-Event zu machen.

2. Langsam starten

Für Meal-Prep-Einsteiger empfiehlt es sich, erst einmal mit nur einer Mahlzeit zu starten. Je nachdem, wofür im Alltag normalerweise am wenigsten Zeit zur Verfügung steht, kann das Frühstück, Mittag- oder auch Abendessen gewählt werden.

Ist die Entscheidung gefallen, geht es an die Auswahl des oder der Lieblingsrezepte. Gerade wenn zunächst nur ein Rezept für mehrere Mahlzeiten verwendet wird, kann es sinnvoll sein, die Gerichte nach dem Zubereiten und Portionieren einzufrieren. Schließlich möchte kaum jemand an zwei, drei oder mehr Tagen das gleiche Frühstück, Mittag- oder Abendessen zu sich nehmen.

3. Verantwortungsvolles Einkaufen

Steht einmal fest, was gekocht werden soll, ist der nächste Schritt das Erstellen einer Einkaufsliste. So unterstützen Sie sich dabei, nicht einfach irgendetwas zu kaufen, sondern viel verantwortungsvoller mit Nahrungsmitteln umzugehen. Schließlich gilt: Landet nur das im Korb, was auch wirklich gegessen wird, müssen später weniger bzw. keine Lebensmittel weggeworfen werden.

Die meisten Meal-Prep-Lebensmittel erhalten Sie einfach und unkompliziert im Supermarkt. Auch auf einem Wochenmarkt lassen sich in dem frischen regionalen Obst- und Gemüseangebot viele tolle Meal-Prep-Zutaten finden. Vorbeischauen lohnt sich darum auch hier.

Gerade Obst und Gemüse sind vielseitig zuzubereiten, und es reicht oft schon eine kleine Zutatenauswahl, um viele abwechslungsreiche Gerichte entstehen zu lassen. Und das oft sogar in nur einer Pfanne und mit wenigen Arbeitsschritten.

4. Die richtigen Meal-Prep-Behälter

Klar, wer mit Meal Prep startet, braucht zu Beginn kein umfangreiches Sammelsurium an Boxen und Gefäßen. Wer den Spaß am Vorbereiten aber erst einmal entdeckt hat, wird die praktischen Vorteile passender Boxen, Dosen und Gläser schnell nicht mehr missen wollen – die machen das Ganze nämlich noch mal komfortabler!

Obwohl am Anfang eine klassische Lunchbox aus Plastik oder sogar ein ausgedienter Speiseeisbehälter völlig ausreichend sind, um Mahlzeiten portioniert aufzubewahren, sind mikrowellengeeignete Gefäße, die sich bestenfalls auch noch platzsparend in Kühlschrank oder Tiefkühler stapeln lassen, natürlich besser und praktischer.

Gut geeignet sind hierfür Gefäße aus Glas, da sie weder im Kühlschrank noch in der Mikrowelle Schaden nehmen. Allerdings sind sie aufgrund ihres Eigengewichts und der durchaus vorhandenen Bruchgefahr nicht unbedingt ideal für den Transport. Wer seine vorbereiteten Mahlzeiten also öfter auch unterwegs genießen möchte, sollte besser auf tiefkühl- und mikrowellengeeignete Plastikgefäße setzen.

Übrigens: Für Meal-Prep-Profis gibt es auch spezielle Boxen, in denen verschiedene Lebensmittel in getrennten Fächern aufbewahrt werden. So kann man beispielsweise Salat und Putenbrust erst dann mischen, wenn man das Gericht auch verzehren möchte.

Tipp: Auch Silikon-Muffinförmchen eignen sich sehr gut zum Abtrennen von verschiedenen Gerichtkomponenten.
Selbstverständlich muss es nicht immer gleich eine Profi-Box sein – sinnvoll ist aber auf jeden Fall, zusätzlich kleine Boxen oder verschließbare Glasgefäße griffbereit zu haben, um beispielsweise Dressing oder Saucen getrennt von anderen Zutaten aufbewahren oder mitnehmen zu können.

5. Richtig aufbewahren

Natürlich sind auch Meal-Prep-Gerichte nicht ewig haltbar. Gut gekühlt können die zubereiteten Mahlzeiten meist einige Tage aufbewahrt werden.
Sie sollten jedoch unbedingt darauf achten, Lebensmittel nicht zu lange im Warmen stehen zu lassen und sie möglichst bald nach der Zubereitung (wichtig: vorher komplett auskühlen lassen) im Kühlschrank zu lagern – so haben Schimmel und Krankheitserreger kaum Chancen.
Als Regel gilt: Gerichte aus gekochten oder gebratenen Lebensmitteln können meist problemlos 3–4 Tage im Kühlschrank aufbewahrt werden (Ausnahme: Fisch!). Für eine noch längere Haltbarkeit empfiehlt es sich, sie einzufrieren.
Gerichte aus frischen, rohen Lebensmitteln sollten hingegen zeitnah innerhalb von 2–3 Tagen nach ihrer Zubereitung verzehrt werden. Zum Einfrieren sind diese Gerichte meist weniger gut geeignet.

Besonders gut einfrieren lassen sich:

- Fleisch
- Eintöpfe und Aufläufe
- Brot
- Reis
- Früchte und Gemüse: Bananen, Beeren, Spargel, Bohnen, Mais und Tomaten
- Früchte und Gemüse (am besten in Stücken): Avocado, Ananas, Mango, Erbsen, Karotten, Blumenkohl und Brokkoli
- Kräuter

Weniger gut einfrieren lassen sich:

- Milchprodukte
- Gekochte, nicht pürierte Kartoffeln
- Früchte und Gemüse mit hohem Wasseranteil

Was hält sich wie lange?

Die folgende Tabelle bietet Ihnen einen Anhaltspunkt dafür, wie lange Sie vorbereitete Speisen im Kühlschrank oder in der Tiefkühltruhe aufbewahren können.
Diese Tabelle enthält Richtwerte, die variieren können. Gerade beim Einfrieren ist es gut möglich, dass sich das Gericht noch viel länger hält. Allerdings kann es durch eine lange Gefrierzeit eventuell etwas an Geschmack verlieren.

Tipps zum Einfrieren

- Mahlzeiten, die im Ofen zubereitet werden, frieren Sie am besten in Glas- oder Aluminiumbehältern ein,

so können sie vom Gefrierfach direkt in den Ofen wandern.
- Soll etwas nur kurze Zeit eingefroren werden, können Sie es auch in Plastikfolie verpacken.
- Mahlzeiten, die für längere Zeit eingefroren werden sollen, sind am besten in Alufolie oder speziellen Gefrierbeuteln aufgehoben.
- Lagern Sie frische Gerichte im hinteren Teil des Gefrierfaches – so rücken ältere Gerichte nach vorne und geraten nicht in Vergessenheit.
- Die vorbereitete Mahlzeit mit Einfrierdatum und Inhalt beschriften, z. B. mithilfe von abziehbaren Etiketten – so ist immer klar, was in dem Behälter oder Beutel steckt, und die maximale Einfrierdauer wird nicht überschritten.
- Warme Speisen vor dem Einfrieren erst vollständig abkühlen lassen.
- Frieren Sie Speisen vorzugsweise bereits portioniert ein; so können Sie dann nur das auftauen, was Sie brauchen.

Tipps zum Auftauen
- Gefrorene Gerichte, die im Topf zubereitet werden, antauen lassen. So passt die Portion besser in den Topf und gart gleichmäßig.
- Gerichte, die im Ofen zubereitet werden, müssen nicht zwingend aufgetaut werden, bevor sie in den Ofen wandern. Zur Sicherheit sollte der Garprozess jedoch beobachtet und die Garzeit eventuell entsprechend verlängert werden.
- Gefrorene Lebensmittel nicht bei Zimmertemperatur, sondern über Nacht im Kühlschrank oder alternativ in der Mikrowelle auftauen lassen.

Extratipp: Avocadohälften aufbewahren
Wenn eine Avocadohälfte nicht verwendet wird, bewahren Sie diese am besten

Lebensmittel	Hält sich im Kühlschrank für …	Hält sich im Gefrierfach für…
Gekochte / gebratene Fleischprodukte	3–5 Tage	4–6 Monate
Eintöpfe oder Suppen	3–4 Tage	2–3 Monate
Gekochte / gebratene Geflügelprodukte	3–4 Tage	4–6 Monate
Gekochte / gebratene Fischgerichte	1–2 Tage	4–6 Monate
Hart gekochte Eier	1–2 Wochen	Einfrieren nicht empfohlen
Brot / Brötchen		4–6 Monate

auf, ohne den Kern zu entfernen. Träufeln Sie noch etwas Zitronensaft über das Fruchtfleisch, bedecken Sie die Avocado mit Frischhaltefolie und lagern Sie sie im Kühlschrank.

Auf das Schichten kommt es an!
Wer frisches Obst und Gemüse verarbeitet, sollte beim Portionieren in Glas oder Box anders vorgehen als beim Anrichten auf dem Teller! Ansonsten wird das Gericht schnell matschig und unansehnlich. Darum gilt: Dressing kommt grundsätzlich ganz nach unten. Dann dürfen Zutaten hinein, die wenig Flüssigkeit abgeben (Kartoffeln, Hülsenfrüchte). Erst danach folgen frisches Obst, Gemüse oder Salat.

Die Zusammenstellung der Mahlzeiten

Jeder hat natürlich andere Ernährungsziele. Sportler wollen sich möglicherweise sehr proteinreich oder auch kohlenhydratreich ernähren – beim Abnehmen liegt der Fokus eher auf der Portionsgröße oder der Menge an Kalorien oder Kohlenhydraten. Flexitarier essen hauptsächlich vegetarisch und nur sehr wenig und bewusst Fleisch und Fisch.

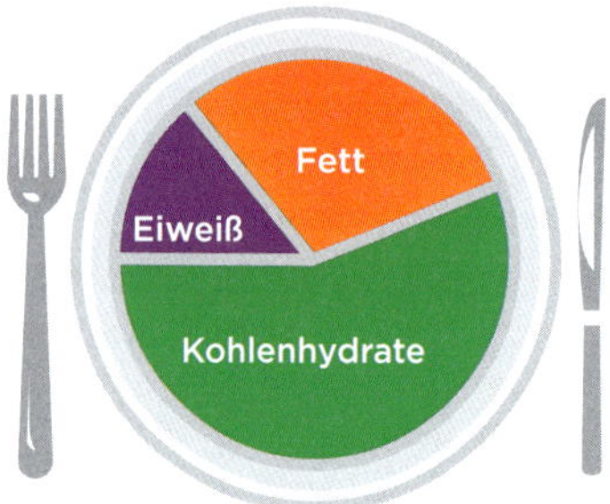

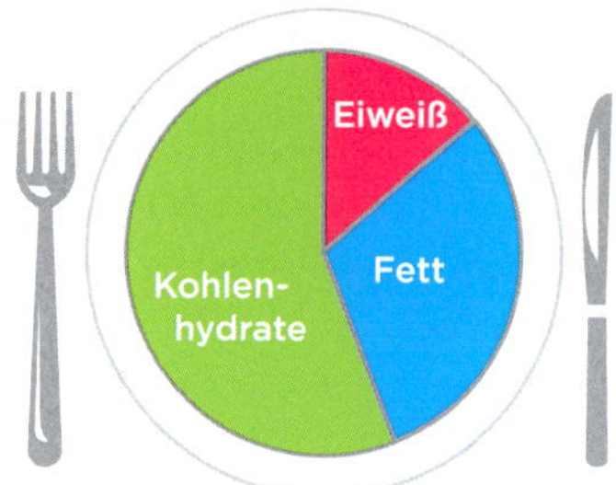

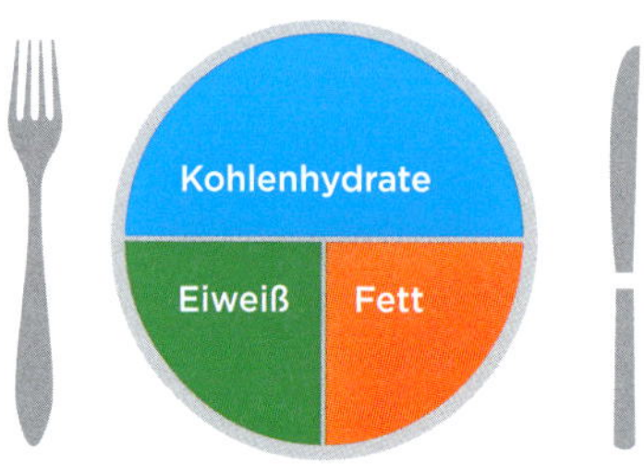

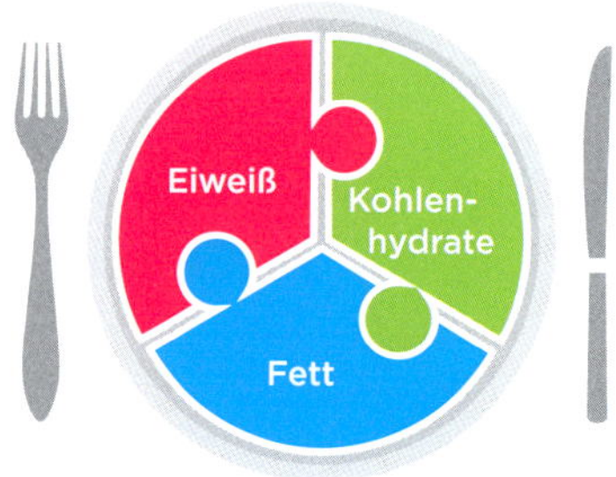

Hier finden Sie einen groben Überblick über Meal-Prep-Nahrungsmittel für eine ausgewogene Ernährung mit den drei Makronährstoffen Protein, Kohlenhydrate und Fette. Daraus lassen sich vielfältige Kombinationen passend zu Ihrem persönlichen Ernährungsziel zusammenstellen.

Protein

von Tieren:
Fleisch (Schwein, Rind, Pute, Hähnchen)
Wurst (Schinken …)
Fisch (Lachs, Thunfisch, Seelachs …)
Krabben, Shrimps
Eier
Milchprodukte
(Milch, Quark, Käse, Feta …)

von Pflanzen:
Bohnen (Kidney-, weiße Bohnen …)
Tofu
Tempeh

Kohlenhydrate

Getreide:
Mehl (Dinkel, Weizen ...)
Brot, Semmeln
Haferflocken
Couscous, Bulgur
Reis
Nudeln

Alle Getreideprodukte möglichst als Vollkornprodukt verwenden. So enthält es viele Ballaststoffe und sättigt dadurch länger.

Pseudo-Getreide:
Buchweizen, Quinoa, Amaranth
Obst und Gemüse

Gesunde Fette

Öle (Kokosöl, Olivenöl)
Nüsse, Kerne und Saaten (Mandeln, Erdnüsse, Kürbiskerne, Sonnenblumenkerne ...)
Nussbutter und -mus (Mandelmus, Erdnussbutter …)
Nussmilch
Avocado, Oliven
Eigelb
Käse

Beim Meal Prep sind der Fantasie keine Grenzen gesetzt. Probieren Sie einfach etwas aus und entdecken Sie so Ihr persönliches Lieblingsgericht.
Zu jedem Rezept finden Sie Tipps für Kombinationen, zur Aufbewahrung und die Angabe der Nährwerte.
Im Praxisteil erwarten Sie unterschiedliche Meal-Prep-Pläne zum Nachmachen und als Anregung für eigene Zusammenstellungen.

Praxisteil: Jetzt geht's los!

In diesem Abschnitt zeige ich Ihnen in abwechslungsreichen Wochenplänen, wie Meal Prep in der Praxis funktioniert. Weitere Pläne zu den Rezepten aus diesem Buch finden Sie unter www.happyfitfood.de/blog/meal-prep/. Dort gibt es außerdem Empfehlungen zu den richtigen Aufbewahrungsboxen und eine Wochenplan-Vorlage zum Ausfüllen.

Welcher Meal-Prep-Typ bin ich?

Faktor Zeit

Meal Prep bietet viele Vorteile, unter anderem auch Zeitersparnis. Man muss nicht so oft einkaufen und täglich lange am Herd oder Backofen stehen.
Zunächst sollten Sie sich fragen, wie Sie Meal Prep in Ihren Alltag integrieren möchten.

Die Meal-Prep-Arten mit Vor- und Nachteilen

Meal Prep mini

Vorteile:

- Es ist weniger Vorplanung nötig, da nur eine Mahlzeit in der Woche ersetzt wird, zum Beispiel Frühstück oder Abendessen.
- Am Meal-Prep-Tag muss weniger Zeit in die Zubereitung investiert werden.
- Sie müssen nicht so viel einkaufen.
- Sie sind bei den Mahlzeiten flexibler, können auch mal Spontankäufe nach Lust und Laune tätigen (z. B. frische Erdbeeren als Dessert).

Nachteile:

- Für die Zubereitung der Mahlzeiten muss unter der Woche mehr Zeit investiert werden, Sie müssen also öfter kochen.
- Sie müssen öfter einkaufen und laufen Gefahr, eher ungesunde Spontaneinkäufe zu tätigen.
- Ohne Vorplanung verfällt man schnell in alte Muster und kauft dann zum Beispiel doch schnell mal einen Döner, anstatt selbst zu kochen.

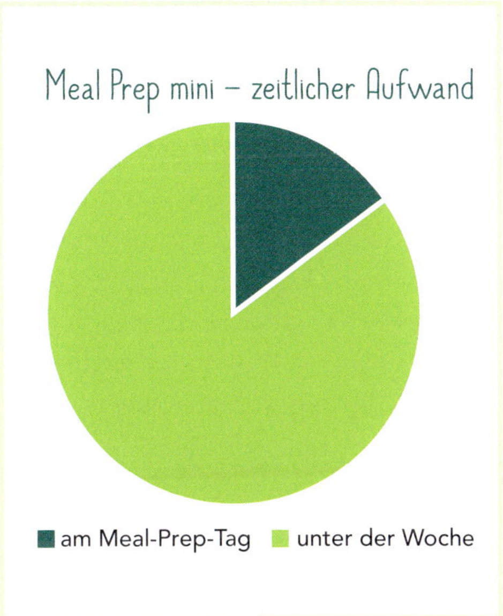

Nachteile:

- Für die Zubereitung am Meal-Prep-Tag brauchen Sie mehr Zeit.
- Sie müssen mindestens einen Großeinkauf tätigen.
- Sie müssen gut planen.
- Sie sind weniger flexibler bei den Mahlzeiten, da die Gerichte bereits vorbereitet sind.
- Diese Diagramme bilden schematisch den Zeitaufwand für die jeweilige Meal-Prep-Art ab.

Meal Prep maxi

Vorteile:

- Sie müssen unter der Woche nicht so häufig einkaufen.
- Der Großteil der Gerichte ist bereits vorbereitet, so sparen Sie viel Zeit unter der Woche in der Küche.
- Ein bestimmtes Ernährungsziel zu verfolgen ist leichter (z. B. abnehmen, gesünder essen).
- Sie vermeiden Spontaneinkäufe von Fast Food oder ungesunden Snacks, weil das Essen bereits vorbereitet ist und Sie nicht erst kochen müssen.

Finden Sie zwischen Meal Prep mini und Meal Prep maxi den Weg, der für Sie machbar ist und zu Ihrem Lebensstil passt.

Die wichtigsten Punkte für Ihre Planung

Mit etwas Übung wird man schnell zum Könner – langsam starten!
Damit Sie sich mit der Planung nicht gleich überfordern, sollten Sie mit einer Mahlzeit beginnen. Wenn Sie zum Beispiel morgens keine Zeit haben, ein Frühstück vorzubereiten, oder sich lieber etwas zum Frühstück zur Arbeit mitnehmen, dann starten Sie mit dem Frühstück!
Haben Sie abends keine Zeit und Lust zu kochen und greifen deswegen immer zur schnellen, aber oft auch ungesunden Lösung? Dann starten Sie mit dem Abendessen!

1. Planung ist alles

- Suchen Sie sich Ihre Rezepte aus, notieren Sie die entsprechenden Seitenzahlen und schreiben Sie Ihre Einkaufsliste.
- Wählen Sie einen Termin für Einkauf und Vorbereitung der Speisen. Unsere Empfehlung, die Sie natürlich jederzeit Ihrem Alltag anpassen können, ist: Einkauf am Samstag und Zubereitung der Speisen am Sonntag. Machen Sie daraus eine neue Routine mit Ihrem Partner oder Ihrer Familie. Gemeinsam Kochen macht Spaß!
  Falls Sie ein Gefrierfach zur Verfügung haben, können Sie alle Zutaten an einem Tag vor dem Meal-Prep-Tag einkaufen. Sollte Ihr Meal-Prep-Tag kein Sonntag sein, können Sie natürlich auch das Einkaufen und Vorbereiten am gleichen Tag erledigen. Wenn Sie frisches Obst, Gemüse und Salat verwenden und auch keine Gefriertruhe zur Verfügung haben, sollten Sie mindestens einen weiteren Einkauf unter der Woche einplanen.
- Schreiben Sie sich anfangs einen Plan in Stichpunkten, was Sie wann erledigen sollten. Auch dazu finden Sie hier im Praxisteil ein ausführliches Beispiel.
- Machen Sie sich in Ihrem Kalender eine kurze Notiz, wann Sie zum Beispiel eine Mahlzeit zum Auftauen aus dem Gefrierfach nehmen oder die Overnight Oats für den nächsten Tag ansetzen sollten. So sind Sie immer gut organisiert!

2. Behälter und Aufbewahrung vorbereiten:

- Machen Sie sich schon vorab Gedanken darüber, in welche Behälter Sie die Speisen füllen möchten.
- Sorgen Sie dafür, dass Einmachgläser, Küchenbehälter etc. keine Rückstände enthalten, denn dadurch können heiß abgefüllte Speisen schneller verderben.

- Legen Sie sich Gefrierbeutel, Küchenbehälter, Gläser etc. griffbereit zurecht.

3. Kühlschrank oder Gefrierfach

- Bitte lesen Sie die generellen Hinweise zur Aufbewahrung in Kühlschrank und Gefrierfach ab S. 20 durch.
- Überlegen Sie sich anhand des Plans, was Sie als Erstes essen möchten und dadurch nur im Kühlschrank lagern müssen und was Sie in die Gefriertruhe geben sollten.
- Mit einem Gefrierfach kann man eine Woche Meal Prep besser abdecken. Für alle, die »nur« einen Kühlschrank zur Verfügung haben, empfehle ich mindestens einen weiteren Einkauf- / Meal-Prep-Tag gegen Mitte der Woche. Die Mahlzeiten könnten sonst verderben oder stark an Geschmack und Frische verlieren.

Die Pläne zeigen Beispiele für Mini-, Midi- bis Maxi-Meal-Prep. Fangen Sie langsam mit dem Ersetzen einer Mahlzeit an – schon bald können Sie anspruchsvolle Meal-Prep-Pläne anwenden und selbst clever kombinieren.

Einige Grundzutaten sollten Sie bereits in Ihrer Küche vorrätig haben.

- Gewürze nach Belieben wie Salz, Pfeffer, Paprikapulver, Chilipulver oder -flocken, Currypulver, Zimt
- getrocknete Kräuter nach Belieben wie Kräuter der Provence, Oregano, Basilikum, Rosmarin
- Essig oder Apfelessig
- Öl wie z.B. Olivenöl, Pflanzenöl
- Süßungsmittel nach Wahl, z.B. Honig, Agavendicksaft, Vollrohrzucker, Xylit, Erythrit
- Kakaopulver
- Backpulver
- Vanillepulver

Meal-Prep-Wochenpläne

Die ersten vier Wochenpläne sind teilweise sehr ausführlich mit Bedarfslisten und zeitlichem Ablauf, damit Sie einen Blick für das Wesentliche bekommen. Wie plane ich die Woche richtig? Welche Rezepte kann ich gut kombinieren? Welche Vorbereitungen kann ich zusammenlegen? Zum Beispiel Reis oder Quinoa kochen, Ofengemüse zubereiten. Wie kann ich die Backzeit eines Gerichts sinnvoll ausnutzen? Wann muss ich einen Zwischeneinkauf oder einen weiteren Meal-Prep-Tag einbauen, wenn ich z. B. kein Gefrierfach zu Hause habe? Danach sollten Sie in der Lage sein, die Wochenpläne 5–10 mit unseren Mahlzeitenvorschlägen selbstständig, an Ihre Bedürfnisse angepasst, durchzuführen oder auch eigene Pläne zusammenzustellen. Dabei hilft Ihnen auch noch die Rezeptübersicht ab S. 167 am Ende des Praxisteils.

In den einzelnen Plänen gehen wir auf verschiedene Voraussetzungen ein, zum Beispiel, wie man eine Fünf-Tage-Arbeitswoche mit Mahlzeiten abdeckt, dass man mittags nur kalte Gerichte oder Salate mitnimmt, falls keine Aufwärmmöglichkeit zur Verfügung steht.

Die Mahlzeiten sind abwechslungsreich geplant, damit man nicht fünfmal in der Woche die gleichen Gerichte essen muss. Unter der Woche sind höchstens 5 Min. Zubereitungszeit nötig, also ein paar letzte Handgriffe wie die Beeren auf die Oats zu geben oder das Erwärmen der Mahlzeit. Die Pläne reichen von einfachen (mit nur kurzer Meal-Prep-Zeit) bis zu aufwändigeren Kombinationen.

Viel Spaß und Erfolg beim Nachkochen!

Zum Umgang mit diesem Buch

Bei jedem Rezept finden Sie Nährwertangaben:

- Kcal steht für Kilokalorien,
- KH für Kohlenhydrate,
- F für Fett,
- P für Protein.

Außerdem sind vegetarische und glutenfreie Rezepte übersichtlich gekennzeichnet:

vegetarisch
vegan
glutenfrei

Glutenfrei: Bitte achten Sie bei Ihren Produkten immer auf das Etikett, besonders bei Schokolade, Käse, Gemüsebrühe, Eiweißpulver, Kakaopulver, Gewürzen etc. Auch wenn diese Zutaten meist frei von Gluten sind, können von den Herstellern bestimmte Zusätze verwendet werden, die nicht glutenfrei sind.

Wochenplan 1

Vorhaben und Voraussetzungen

- Sie bereiten das Frühstück für 6 Tage vor.
- Ein Gefrierfach ist vorhanden.

Samstag	Planung für die Woche und Einkauf nach Bedarfsliste (S. 30)
Sonntag	Meal-Prep-Tag (S. 34)
Montag	1 Portion Granola (S. 31) mit 150 g Naturjoghurt und 100 g frischen Erdbeeren
Dienstag	3 Granola-Cookies (S. 31) zum Kaffee
Mittwoch	Erdbeer-Bananen-Joghurt (S. 31) mit 1 EL Granola (ca. ½ Portion) Am Verzehrtag: Gefrorene Erdbeer-Bananen-Mischung aus dem Gefrierfach nehmen und mit 150 g Joghurt im Thermomix® pürieren. 1 EL Granola darüberstreuen.
Donnerstag	1 Portion Granola (S. 31) in warmer Milch (200 ml)
Freitag	3 Granola-Cookies (S. 31) zum Kaffee
Samstag	Erdbeer-Bananen-Joghurt (S. 33) mit 1 EL Granola (ca. ½ Portion) Am Verzehrtag: Gefrorene Erdbeer-Bananen-Mischung aus dem Gefrierfach nehmen und mit 150 g Joghurt im Thermomix® pürieren. 1 EL Granola darüberstreuen.

Bedarfsliste

- ☐ 3 Bananen
- ☐ 400 g Erdbeeren
- ☐ 3 x 150 g Naturjoghurt
- ☐ 200 g Milch
- ☐ 40 g Mandeln (ganz) oder Walnüsse
- ☐ 150 g zarte Haferflocken
- ☐ 50 g kernige Haferflocken
- ☐ 30 g Mandelblättchen
- ☐ 15 g Sonnenblumenkerne
- ☐ 50 g Apfelmus ungesüßt
- ☐ 1 EL gehackte Rosinen (oder Trockenfrüchte nach Wahl) z. B. Äpfel, Aprikosen
- ☐ 1 EL flüssiges Kokosöl, nativ
- ☐ 2 EL Agavendicksaft
- ☐ 1 TL Zimt
- ☐ 1 Prise Vanillepulver
- ☐ 1 Prise Salz

Die Rezepte der Woche

Granola + Granola-Cookies

Für 3 Portionen Granola + 6 Cookies
Pro Portion Granola: 153 kcal / 12 g KH / 9 g F / 4,7 g P
Pro Cookie: 98 kcal / 11 g KH / 4,6 g F / 2,6 g P

- 40 g Mandeln (ganz) oder Walnüsse
- 2 EL Agavendicksaft
- 1 EL flüssiges Kokosöl, nativ
- 1 TL Zimt
- 1 Prise Vanillepulver
- 1 Prise Salz
- 150 g zarte Haferflocken
- 50 g kernige Haferflocken
- 30 g Mandelblättchen
- 15 g Sonnenblumenkerne
- 50 g Apfelmus ungesüßt
- 1 Banane
- 1 EL Rosinen oder Trockenfrüchte (klein gehackt), z. B. Äpfel, Aprikosen (optional)

1. Backofen auf 150 °C Umluft vorheizen.
2. Mandeln in den Mixtopf geben und 2 Sek. / Stufe 5 zerkleinern, in eine Schüssel umfüllen.
3. Agavendicksaft, Kokosöl, Zimt, Vanillepulver und Salz in den Mixtopf geben und 2 Min. / 80 °C / Sanftrührstufe erwärmen.
4. Haferflocken, Mandelblättchen, Sonnenblumenkerne und Apfelmus hinzufügen und 20 Sek. / Linkslauf / Stufe 2 mithilfe des Spatels gut vermischen.

→

5. Die Hälfte der Haferflocken-Mischung auf ein mit Backpapier ausgelegtes Backblech streichen (dabei Platz für die Cookies lassen).
6. Banane schälen, in grobe Stücke schneiden und zu der restlichen Haferflockenmasse in den Mixtopf geben. Nach Belieben Rosinen oder Trockenfrüchte hinzufügen und **15 Sek. / Linkslauf / Stufe 2** vermischen.
7. Aus der Masse circa 6 Cookies formen und neben der Granola-Masse auf das Backblech setzen.
8. Das Backblech 15–20 Min. in den Ofen schieben. Das Granola während der Backzeit immer wieder wenden, damit es gleichmäßig knusprig wird. Die Cookies nach ca. 10 Min. Backzeit wenden. Granola während der Backzeit beobachten und evtl. etwas früher als die Cookies aus dem Ofen nehmen.

Tipps und Aufbewahrung

Das Granola lässt sich beliebig variieren. Man kann es auch mit Beeren, wie z. B. Johannisbeeren zubereiten oder diverse Nüssen, Saaten, Kokoschips oder -raspel und vieles mehr untermischen.
In ein Metall- oder Glasgefäß füllen, damit es schön knusprig bleibt. So ist das Granola gut 1–2 Wochen haltbar.
Die Cookies kühl aufbewahren und innerhalb von einer Woche verzehren.

Erdbeer-Bananen-Joghurt

Für 2 Portionen
Pro Portion: 280 kcal / 47,7 g KH / 3,1 g F / 10,5 g P

300 g Erdbeeren
2 Bananen
2 x 150 g Naturjoghurt

1. Erdbeeren waschen, trocken tupfen, das Grün entfernen, halbieren.
2. Bananen schälen und in Scheiben schneiden.
3. Vorbereitete Erdbeeren und Bananenstücken mischen und in 2 Portionen teilen. In verschließbare Aufbewahrungsboxen oder Gefrierbeutel geben und einfrieren.
4. Vor dem Verzehr Erdbeer-Bananen-Mix mit jeweils 150 g Naturjoghurt in den Mixtopf geben und **20 Sek. / Stufe 8** cremig mixen.

Tipps und Aufbewahrung

Falls kein Gefrierfach zur Verfügung steht, nur die Erdbeeren vorbereiten, im Kühlschrank lagern und die Banane mit dem Joghurt am Tag des Verzehrs frisch dazu mixen.
Variante: 1 EL Granola (S. 31) einrühren.

Meal-Prep-Tag im zeitlichen Überblick

- Backofen auf 150 °C Umluft vorheizen.
- 10 Min.
  Vorbereitung von Granola und Granola-Cookies (S. 31)
  Zutaten vermengen, auf das Blech streichen etc.

Diese Arbeiten werden parallel ausgeführt:

<table>
<tr>
<td>20 Min.
Backen von Granola und Granola-Cookies (S. 31)
Das Backblech für ca. 20 Min. in den Ofen schieben.

Das Granola während der Backzeit immer wieder wenden, damit es gleichmäßig knusprig wird. Die Cookies nach ca. 10 Min. Backzeit wenden. Granola während der Backzeit beobachten und evtl. etwas früher als die Cookies aus dem Ofen nehmen.</td>
<td>10–15 Min.
Erdbeer-Bananen-Joghurt (S. 33) + Erdbeeren für Montag vorbereiten

400 g Erdbeeren waschen, trocken tupfen, das Grün entfernen, halbieren. 300 g auf 2 Gefrierbehälter aufteilen. Restliche 100 g Erdbeeren werden für das Frühstück am Montag vorbereitet.
2 Bananen schälen und in Stücke schneiden, zu den Erdbeeren in die Gefrierbehälter geben.
Die Erdbeer-Bananen-Mischungen in den Gefrierschrank stellen.</td>
</tr>
<tr>
<td colspan="2">5 Min. / Abpacken
Nach dem vollständigen Abkühlen: Granola und Granola-Cookies (S. 31) jeweils in Gläser oder Metallgefäße umfüllen.
Montag: 1 Portion Granola in ein Einweckglas (ca. 400 ml Fassungsvermögen) geben, 150 g Joghurt und 100 g Erdbeeren darüber schichten, verschließen und in den Kühlschrank stellen.</td>
</tr>
</table>

Meal-Prep-Zeit für Wochenplan 1: ca. 35 Min.
Unter der Woche fallen dann nur noch sehr kleine Arbeiten an, wie das Einrühren in erwärmte Milch oder das Mixen der Erdbeer-Bananen-Joghurts.

Wochenplan 2

Vorhaben und Voraussetzungen

- Sie bereiten an einem Meal-Prep-Tag Lunchboxen für die Arbeit to go oder als Abendessen zu Hause für 5 Tage vor.
- Diese Woche wird ein Gefrierfach benötigt.

Samstag	Planung für die Woche und Einkauf nach Bedarfsliste (S. 36)
Sonntag	Meal-Prep-Tag (S. 47)
Montag	1 Portion Brokkolitaler (S. 37) und 1 Portion Putengeschnetzeltes mit Senf-Honig-Marinade (S. 39) und 1 Portion Kräuter-Schmand-Quark (S. 41)
Dienstag	1 Portion Hackbällchen mit Brokkoli und Reis (S. 42) und 1 Portion Kräuter-Schmand-Quark (S. 41)
Mittwoch	1 Portion Reissalat mit gedünstetem Gemüse (S. 44)
Donnerstag	1 Portion Brokkolitaler (S. 37) und 1 Portion Putengeschnetzeltes mit Senf-Honig-Marinade (S. 39) und 1 Portion Tomatensauce (S. 46)
Freitag	1 Portion Hackbällchen mit Brokkoli und Reis (S. 42) und 1 Portion Tomatensauce (S. 46)

Die Gerichte von Montag bis Mittwoch und die Tomatensauce können im Kühlschrank gelagert werden. Die Mahlzeiten für Donnerstag und Freitag sollten eingefroren werden.

Bedarfsliste

- ☐ 250 g Putenbrustfilet
- ☐ 250 g gemischtes Hackfleisch
- ☐ 2 Eier
- ☐ 90 g Parmesan
- ☐ 100 g Frischkäse
- ☐ 150 g Magerquark
- ☐ 50 g Schmand
- ☐ 2 Knoblauchzehen
- ☐ 1 Zwiebel
- ☐ 1 Schalotte oder ½ Zwiebel
- ☐ 400 g + 1 Brokkoli (ca. 350 g)
- ☐ 1 kleine Karotte
- ☐ 1 gelbe Paprika
- ☐ 4 EL gehackte Kräuter, z. B. Petersilie, Oregano, Schnittlauch
- ☐ ½ Dose gehackte Tomaten (ca. 200 g)
- ☐ 195 g Reis (mit Garzeit ca. 20 Min.
- ☐ 1 EL Paniermehl
- ☐ 2 EL Tomatenmark
- ☐ 3 EL Dijon-Senf (oder mittelscharfer Senf)
- ☐ 2 EL Zitronensaft
- ☐ 2 EL Sojasauce
- ☐ 2 EL Essig, z. B. Balsamico weiß
- ☐ 5 EL Öl, z. B. Olivenöl
- ☐ 2 Prisen Zucker (oder Süßungsmittel nach Wahl)
- ☐ 1 EL flüssiger Honig
- ☐ 1 TL Currypulver
- ☐ Salz, Pfeffer
- ☐ Paprikapulver edelsüß und rosenscharf
- ☐ Chilipulver (optional)
- ☐ 3 EL TL Gemüsebrühepulver
- ☐ 2000 g Wasser
- ☐ 2 EL Mineralwasser mit Kohlensäure

Die Rezepte der Woche

Brokkolitaler

2 Portionen
Pro Portion: 269 kcal 9,1 g KH / 12,7 g F / 28,2 g P

75 g Parmesan
1 Brokkoli (ca. 350 g)
1 Ei
100 g Frischkäse
Salz

1. Backofen auf 180 °C Umluft vorheizen und ein Backblech mit Backpapier auslegen.
2. Parmesan in den Mixtopf geben, **5 Sek. / Stufe 8** zerkleinern und in eine Schüssel umfüllen.
3. Brokkoli waschen und in Röschen teilen, den Strunk in grobe Stücke schneiden. Alles in den Mixtopf geben und **5 Sek. / Stufe 4** zu Reiskorngröße zerkleinern. Gegebenenfalls den Vorgang wiederholen, bis alle großen Stücke zerkleinert sind.
4. Ei, Frischkäse, Salz und Parmesan hinzufügen und mithilfe des Spatels **20 Sek. / Linkslauf / Stufe 3** gleichmäßig vermischen.
5. Die Brokkolimasse mit angefeuchteten Händen zu Talern mit etwa 5 cm Durchmesser formen und auf das Backpapier legen.
6. Die Brokkolitaler etwa 25–30 Min. im Ofen backen.

Tipps und Aufbewahrung

Dazu passt mariniertes Fleisch, wie z. B. Putengeschnetzeltes mit Senf-Honig-Marinade (S. 39), das man auch gleich mit auf das Backblech legen kann (s. Meal–Prep-Tag 2 im zeitlichen Überblick, S. 47).
Im Kühlschrank sind die Brokkolitaler 4–5 Tage haltbar.

1: Brokkolitaler, 2: Putengeschnetzeltes mit Senf-Honig-Marinade (S. 39), 3: Kräuter-Schmand-Quark (S. 41)

Putengeschnetzeltes mit Senf-Honig-Marinade

Für 2 Portionen
Pro Portion: 335 kcal / 7,8 g KH / 18,9 g F / 32,2 g P

- 250 g Putenbrustfilet
- 1 Knoblauchzehe
- 2 EL Dijon-Senf oder mittelscharfer Senf
- 1 EL flüssiger Honig
- 2 EL Zitronensaft
- 2 EL Sojasauce
- 3 EL Öl, z. B. Olivenöl
- 1 TL Currypulver
- Salz, Pfeffer
- Paprikapulver edelsüß
- 1 EL gehackte oder TK-Kräuter, z. B. Petersilie (optional)

1. Putenbrust waschen, trocken tupfen und in Streifen schneiden.
2. Knoblauchzehe abziehen, in den Mixtopf geben und **5 Sek. / Stufe 5** zerkleinern. Mit dem Spatel nach unten schieben.
3. Restliche Zutaten für die Marinade hinzufügen und **15 Sek. / Linkslauf / Stufe 4** vermischen.
4. Putengeschnetzeltes mit der Marinade gut vermengen und mindestens 30 Min. ziehen lassen.
5. Das Geschnetzelte können Sie zusammen mit den Brokkolitalern bei 180 °C Umluft in den Ofen schieben und für 25–30 Min. backen (s. Meal-Prep-Tag im zeitlichen Überblick, S. 48). Alternativ kann man das Geschnetzelte auch in der Pfanne herausbraten.

Tipps und Aufbewahrung

Das fertig zubereitete Geschnetzelte ist im Kühlschrank 4–5 Tage haltbar.
Marinaden lassen sich sehr gut vorbereiten und verschlossen im Kühlschrank mindestens 1 Woche aufbewahren. Weitere Marinaden-Vorschläge finden Sie auf S. 164.
Man kann das Fleisch auch zusammen mit der Marinade in einen Gefrierbeutel geben, gut vermischen und einfrieren. So kann das Gericht bei Bedarf schnell zum Auftauen herausgelegt und zubereitet werden, beispielsweise zum Grillen.

Kräuter-Schmand-Quark

Für 2 Portionen
Pro Portion: 111 kcal / 3,9 g KH / 6,1 g F / 9,7 g P

- 150 g Magerquark
- 2 EL Mineralwasser mit Kohlensäure
- 50 g Schmand
- 1 EL gehackte Kräuter, z. B. Petersilie, Oregano, Schnittlauch
- Salz, Pfeffer

Alle Zutaten in den Mixtopf geben und **20 Sek. / Linkslauf / Stufe 2** vermischen.

Tipps und Aufbewahrung

Der Kräuter-Schmand-Quark hält sich im Kühlschrank ca. 1 Woche.

Hackbällchen mit Brokkoli und Reis

Für 2 Portionen
Pro Portion: 656 kcal / 55,6 g KH / 26,9 g F / 42,1 g P

1 Zwiebel
250 g Hackfleisch, gemischt
1 Ei
1 EL Paniermehl
15 g Parmesan
1 EL gehackte Kräuter, z. B. Petersilie, Oregano, Schnittlauch
1 TL mittelscharfer Senf
1 EL Tomatenmark
Salz, Pfeffer
Paprikapulver edelsüß
300 g Brokkoli
120 g Reis (mit Garzeit ca. 20 Min.)*
1000 g Wasser
1 EL Gemüsebrühepulver

1. Zwiebel abziehen, halbieren, in den Mixtopf geben und **5 Sek. / Stufe 5** zerkleinern.
2. Hackfleisch, Ei, Paniermehl, Parmesan, Kräuter, Senf, Tomatenmark und Gewürze dazugeben und **1 Min. / Knetmodus** vermengen.
3. Aus dem Hackteig Kugeln mit einem Durchmesser von ca. 3 cm formen und in den Einlegeboden des Varoma geben. Mixtopf säubern.
4. Brokkoli waschen und in Röschen teilen und im Varoma verteilen.
5. Reis in den Gareinsatz geben und kurz durchspülen.**
6. Wasser und Gemüsebrühepulver in den Mixtopf geben, Gareinsatz mit Reis einhängen.
7. Mixtopfdeckel und Varoma aufsetzen und alles **25 Min. / Varoma / Stufe 1** garen.
8. Danach in 2 Aufbewahrungsbehälter verteilen und nach dem vollständigen Auskühlen verschlossen in den Kühlschrank stellen.

Tipps und Aufbewahrung

Im Kühlschrank ca. 3–4 Tage haltbar. Die Zubereitung dieses Rezeptes lässt sich sehr gut mit dem Reissalat mit gedünstetem Gemüse (S. 44) zusammenlegen (S. Meal-Prep-Tag im zeitlichen Überblick, S. 47).
Man kann die Hackbällchen auch in der Pfanne braten (ca. 15 Min.) oder im Backofen backen (bei 180 °C Umluft, ca. 15–20 Min.).

*Die Reis-Garzeit variiert nach Sorte. Bitte dazu immer die Packungsangabe beachten!
**Um ein Überkochen des Wassers zu vermeiden, den Reis erst in den Gareinsatz einwiegen (z. B. auf den Mixtopfdeckel stellen) und dann unter fließendem Wasser gut abspülen, um überflüssige Stärke abzuwaschen.

Reissalat mit gedünstetem Gemüse

Für 1 Portion
Pro Portion: 490 kcal / 67,3 g KH / 16,1 g F / 11,4 g P

75 g Reis, roh (mit Garzeit ca. 20 Min.)*
1000 g Wasser
1 EL Gemüsebrühepulver
100 g Brokkoli
1 kleine Karotte
1 gelbe Paprika
2 EL Essig, z. B. Balsamico weiß
1 EL Öl, z. B. Olivenöl
Salz, Pfeffer
1 Prise Zucker (oder Süßungsmittel nach Wahl)

1. Reis in den Gareinsatz einwiegen und kurz durchspülen**.
2. Wasser und Gemüsebrühepulver in den Mixtopf geben.
3. Gareinsatz einhängen.
4. Brokkoli waschen und in Röschen teilen. Karotte waschen, schälen und der Länge nach halbieren. Paprika waschen, Kerngehäuse entfernen und in grobe Stücke schneiden. Das Gemüse im Varoma verteilen.
5. Varoma aufsetzen und **25 Min. / Varoma / Stufe 2** garen. Danach Varoma abnehmen, auf die Seite stellen und kurz abkühlen lassen.
6. Gareinsatz herausnehmen und Reis abseihen.
7. Gemüsebrühe aus dem Mixtopf ausgießen und den Reis in den Mixtopf füllen.
8. Nun das Gemüse nach Belieben noch etwas kleiner schneiden, Essig, Öl, Salz, Pfeffer und Zucker hinzufügen und **15 Sek. / Linkslauf / Stufe 1** vermischen.
9. In einen Aufbewahrungsbehälter füllen und nach dem Auskühlen in den Kühlschrank stellen.

Tipps und Aufbewahrung

Dieser Salat schmeckt warm und kalt. Im Kühlschrank 4–5 Tage haltbar.
*Die Reis-Garzeit variiert nach Sorte. Bitte dazu immer die Packungsangabe beachten!
**Um ein Überkochen des Wassers zu vermeiden, den Reis erst in den Gareinsatz einwiegen (z. B. auf den Mixtopfdeckel stellen) und dann unter fließendem Wasser gut abspülen, um überflüssige Stärke abzuwaschen.

Tomatensauce

Für 2 Portionen
Pro Portion: 62 kcal / 5,9 g KH / 3 g F / 1,8 g P

1 Schalotte oder ½ Zwiebel
1 Knoblauchzehe
1 TL Öl
½ Dose gehackte Tomaten (ca. 200 g)
1 EL Tomatenmark
1 Prise Zucker (oder Süßungsmittel nach Wahl)
Salz, Pfeffer
Paprikapulver edelsüß und rosenscharf
Chilipulver (optional)
½ TL Gemüsebrühepulver
1 EL gehackte Kräuter, z. B. Petersilie, Oregano, Schnittlauch

1. Schalotte und Knoblauchzehe abziehen, in den Mixtopf geben und **5 Sek. / Stufe 5** zerkleinern.
2. Öl hinzufügen und **3 Min. / Varoma / Stufe 1** andünsten.
3. Gehackte Tomaten, Tomatenmark, Zucker, Gewürze, Gemüsebrühepulver und Kräuter hinzufügen und **10 Min. / 100 °C / Stufe 2** köcheln lassen.
4. Falls eine weniger stückige Konsistenz gewünscht ist, bis zur gewünschten Beschaffenheit aufsteigend auf Stufe 2–7 pürieren und noch heiß in ein Einmachglas abfüllen bzw. direkt auf 2 Portionsgläser verteilen und verschließen.

Tipps und Aufbewahrung

Die Tomatensauce hält sich verschlossen im Kühlschrank 1–2 Wochen und lässt sich auch prima in größeren Mengen auf Vorrat herstellen.

Meal-Prep-Tag im zeitlichen Überblick

Diese Arbeiten werden parallel ausgeführt:

5 Min.
Puten-Geschnetzeltes mit Senf-Honig-Marinade (S. 39) vorbereiten und durchziehen lassen, Zubereitungsschritte 1–4.
Putenbrust waschen, trocken tupfen und in Streifen schneiden.
Knoblauchzehe abziehen, in den Mixtopf hinzufügen und **5 Sek. / Stufe 5** zerkleinern. Mit dem Spatel nach unten schieben.
Restliche Marinade-Zutaten hinzufügen und **15 Sek. / Linkslauf / Stufe 4** vermischen.
Puten-Geschnetzeltes mit der Marinade gut vermengen und mind. 30 Min. ziehen lassen.

5 Min.
Zubereitung Kräuter-Schmand-Quark (S. 41)
Alle Zutaten in den Mixtopf geben und **20 Sek. / Linkslauf / Stufe 2** vermischen.

15 Min.
Zubereitung Tomatensauce (S. 46), Zubereitungsschritte 1–4
Schalotte und Knoblauchzehe abziehen, in den Mixtopf geben und **5 Sek. / Stufe 5** zerkleinern.
Öl hinzufügen und **3 Min. / Varoma / Stufe 1** andünsten.
Gehackte Tomaten, Tomatenmark, Süßungsmittel, Gewürze, Gemüsebrühepulver und Kräuter hinzufügen und **10 Min. / 100 °C / Stufe 2** köcheln lassen.
Falls eine weniger stückige Konsistenz gewünscht ist, bis zur gewünschten Beschaffenheit aufsteigend von **Stufe 2–7** pürieren und noch heiß in ein Einmachglas abfüllen bzw. direkt auf 2 Portionsgläser verteilen und verschließen. →

10 Min. Brokkolitaler vorbereiten (S. 37) Zubereitungsschritte 1–5 Backofen auf 180 °C Umluft vorheizen und ein Backblech mit Backpapier auslegen. Parmesan in den Mixtopf geben und **5 Sek. / Stufe 8** zerkleinern und in eine Schüssel umfüllen. Brokkoli waschen und in Röschen teilen, den Strunk in grobe Stücke schneiden. Alles in den Mixtopf geben und **5 Sek. / Stufe 4** zu Reiskorngröße zerkleinern. Gegebenenfalls den Vorgang wiederholen, bis alle großen Stücke zerkleinert sind. Ei, Frischkäse, Salz und Parmesan hinzufügen und mithilfe des Spatels **20 Sek. / Linkslauf / Stufe 3** gleichmäßig vermischen. Die Brokkolimasse mit angefeuchteten Händen zu Talern mit etwa 5 cm Durchmesser formen und auf das Backpapier legen		
	Mariniertes Puten-Geschnetzeltes auf das Backblech zu den Brokkolitalern geben.	→

Brokkolitaler und mariniertes Fleisch etwa 25–30 Min. im Ofen backen lassen. Das Fleisch mindestens einmal wenden.	Die Zubereitung von Reissalat mit gedünstetem Gemüse (S. 44) und Hackbällchen mit Brokkoli und Reis (S. 42) zusammenlegen. 5 Min. Hackbällchen vorbereiten (S. 42), Zubereitungsschritte 1–3 Zwiebel abziehen, halbieren, in den Mixtopf geben und **5 Sek. / Stufe 5** zerkleinern. Hackfleisch, Ei, Paniermehl, Parmesan, Kräuter, Senf, Tomatenmark und Gewürze dazugeben und 1 Min. im Knetmodus vermengen Aus dem Hackteig Kugeln mit einem Durchmesser von ca. 3 cm formen und in den Einlegeboden des Varoma geben. Mixtopf säubern →

	5 Min. Gemüse der beiden Rezepte vorbereiten 400 g Brokkoli waschen und in Röschen teilen. Karotte waschen, schälen und der Länge nach halbieren. Paprika waschen, Kerngehäuse entfernen und in grobe Stücke schneiden. Das Gemüse im Varoma verteilen.
Brokkolitaler und mariniertes Fleisch nach ca. 30 Min. aus dem Ofen nehmen und abkühlen lassen.	25 Min. Reis kochen, Gemüse im Varoma dünsten 195 g Reis in Gareinsatz geben und kurz durchspülen. Wasser und Gemüsebrühepulver in den Mixtopf geben. Gareinsatz einhängen. Mixtopfdeckel und Varoma aufsetzen und alles **25 Min. / Varoma / Stufe 1** garen.
	5 Min. Mixtopf säubern und die einzelnen Portionen in die Aufbewahrungsbehälter verteilen. →

	5 Min. Fertigstellung des Reissalats (S. 44) Zubereitungsschritte 8–9: Nun das Gemüse nach Belieben noch etwas kleiner schneiden, Essig, Öl, Salz, Pfeffer und Süßungsmittel hinzufügen und **15 Sek. / Linkslauf / Stufe 1** vermischen. In einen Aufbewahrungsbehälter füllen und nach dem Auskühlen in den Kühlschrank stellen.

Meal-Prep-Zeit für Wochenplan 2: ca. 80 Min.

Wochenplan 3

Vorhaben und Voraussetzungen

- Sie bereiten an einem Meal-Prep-Tag das Mittagessen to go für die Arbeit, einen Snack und das Abendessen für 5 Tage vor
- Mikrowelle zum Erwärmen der Speisen ist bei der Arbeit vorhanden.
- Diese Woche wird ein Gefrierfach benötigt.

	Mittagessen für die Arbeit	Snack	Abendessen
Sa	Planung für die Woche und Einkauf nach Bedarfsliste (S. 54)		
So	Meal-Prep-Tag (S. 66)		
Mo	1 Portion Linseneintopf (S. 57)	3 Stück Froyo-Bites (S. 59)	1 Portion (3 Stück) Crêpes, pikante Variante (S. 61)
Di	1 Portion Gemüsesuppe asiatische Art (S. 55)	3 Stück Froyo-Bites (S. 59)	1 Portion (3 Stück) Crêpes, süße Variante (S. 60)
Mi	1 Portion Linseneintopf (S. 57)	3 Stück Froyo-Bites (S. 59)	1 Flammkuchen, pikante Variante (S. 64)
Do	1 Portion Gemüsesuppe asiatische Art (S. 55)	3 Stück Froyo-Bites (S. 59)	1 Flammkuchen, süße Variante (S. 63)
Fr	1 Portion Linseneintopf (S. 57)	3 Stück Froyo-Bites (S. 59)	1 Flammkuchen, pikante Variante (S. 64)

Gerichte für Montag bis Dienstag und zusätzlich Gemüsesuppe und Linseneintopf können im Kühlschrank gelagert werden. Das Abendessen für Mittwoch bis Freitag und die Froyo-Bites werden eingefroren.

Bedarfsliste

- ☐ 200 g Chorizo
- ☐ 2 Eier
- ☐ 120 g griechischer Joghurt
- ☐ 150 g Naturjoghurt
- ☐ 240 g Milch
- ☐ 200 g Schmand
- ☐ 130 g Feta
- ☐ 1 Bund Koriander
- ☐ 1 Bund Lauchzwiebeln
- ☐ 200 g Karotten
- ☐ 2 gelbe Paprikaschoten
- ☐ 1 rote Paprikaschote
- ☐ 500 g Zucchini
- ☐ 150 g Mungobohnensprossen
- ☐ 70 g Babyspinat
- ☐ 70 g Salatgurke
- ☐ 500 g Suppengrün (Karotte, Sellerie, Lauch, Petersilie)
- ☐ 4 Cherrytomaten
- ☐ 150 g Spargel aus dem Glas (oder gekocht)
- ☐ 150 g Heidelbeeren (oder Beeren nach Wahl)
- ☐ 100 g Erdbeeren
- ☐ 2 TL Zitronensaft
- ☐ 200 g Tellerlinsen
- ☐ 280 g Mehl, z. B. Roggenvollkornmehl
- ☐ 400 g Kokosmilch (light)
- ☐ 20 g Erdnussmus
- ☐ 2 EL flüssiger Honig oder Zucker (bzw. Süßungsmittel nach Wahl)
- ☐ 1 EL Kokosöl oder Öl nach Wahl
- ☐ 1 EL Butterschmalz (oder Öl)
- ☐ 3 EL Öl (oder Butter)
- ☐ 1 EL Gemüsebrühepulver
- ☐ Salz, Pfeffer
- ☐ Paprikapulver edelsüß und rosenscharf
- ☐ 1 TL getrocknete Kräuter, z. B. Basilikum, Petersilie
- ☐ 1220 g Wasser

Die Rezepte der Woche

Gemüsesuppe asiatische Art

Für 2 Portionen
Pro Portion: 424 kcal / 28 g KH / 26,1 g F / 13,9 g P

- 1 Bund Koriander
- ½ Bund Lauchzwiebeln
- 1 EL Kokosöl oder Öl nach Wahl
- 200 g Karotten
- 1 gelbe Paprikaschote
- 1 rote Paprikaschote
- 500 g Zucchini
- 400 g Kokosmilch (light)
- 150 g Mungobohnensprossen
- 20 g Erdnussmus
- 100 g Wasser
- Salz, Pfeffer
- Paprikapulver edelsüß und rosenscharf

→

1. Koriander waschen, trocken schütteln und in den Mixtopf geben. **5 Sek. / Stufe 5** klein hacken und in eine Schüssel umfüllen.
2. Lauchzwiebeln waschen, putzen und in den Mixtopf geben, **5 Sek. / Stufe 5** hacken.
3. Kokosöl hinzufügen und **3 Min. / 100 °C / Linkslauf / Stufe 1** andünsten.
4. Gemüse waschen, die Karotten schälen und von den Paprikaschoten das Kerngehäuse entfernen.
5. Paprikaschoten, Karotten und Zucchini in kleine Stücke schneiden und in den Mixtopf hinzufügen. Weitere **3 Min. / 100 °C / Linkslauf / Stufe 1** andünsten.
6. Kokosmilch, Mungobohnensprossen, Erdnussmus und 100 g Wasser einwiegen und **15 Min. / 100 °C / Linkslauf / Stufe 2** köcheln lassen.
7. Koriandergrün und Gewürze hinzufügen und **5 Min. / 100 °C / Linkslauf / Stufe 2** fertig garen.

Tipps und Aufbewahrung

Die Suppe noch heiß in zwei Einmachgläser abfüllen und verschließen. Nach dem vollständigen Auskühlen in den Kühlschrank stellen. Hält sich so abgefüllt im Kühlschrank ca. 1 Woche.

Linseneintopf

Für 3 Portionen
Pro Portion: 595 kcal / 41,7 g KH / 27,9 g F / 34 g P

- ½ Bund Lauchzwiebeln
- 1 EL Butterschmalz oder Öl
- 500 g Suppengrün (Karotte, Sellerie, Lauch, Petersilie)
- 1 gelbe Paprikaschote
- 1000 g Wasser
- 1 EL Gemüsebrühepulver
- 200 g Tellerlinsen
- 200 g Chorizo
- Salz, Pfeffer

1. Lauchzwiebeln waschen, putzen und in den Mixtopf geben. **5 Sek. / Stufe 5** hacken.
2. Butterschmalz hinzufügen und **3 Min. / 100 °C / Linkslauf / Stufe 1** andünsten.
3. Suppengrün waschen und putzen, die Karotten und den Sellerie schälen und in Würfel schneiden, Petersilie kleiner zupfen und Lauch in Scheiben schneiden.
4. Paprika waschen, Kerngehäuse entfernen und würfeln.
5. Suppengrün-Stücke und Paprikawürfel zu den Lauchzwiebeln in den Mixtopf geben und **3 Min. / 100 °C / Linkslauf / Stufe 1** andünsten.
6. Wasser, Gemüsebrühepulver und Tellerlinsen hinzufügen und **35 Min. / 100 °C / Linkslauf / Stufe 1** garen.
7. Chorizo-Wurst in mundgerechte Stücke schneiden, in den Mixtopf hinzufügen und **5 Min. / 100 °C / Linkslauf / Stufe 1** fertig kochen. Mit Salz und Pfeffer abschmecken.

→

Tipps und Aufbewahrung

Den Linseneintopf noch heiß in drei Einmachgläser abfüllen und verschließen. Nach dem vollständigen Abkühlen in den Kühlschrank stellen. Hält sich so abgefüllt im Kühlschrank ca. 1 Woche.

Froyo-Bites

Ca. 15 Stück / 5 Portionen
Pro Portion: 42 kcal / 3,8 g KH / 2,3 g F / 0,9 g P

75 g Heidelbeeren oder Beeren nach Wahl
1 EL flüssiger Honig (oder Zucker bzw. Süßungsmittel nach Wahl)
120 g griechischer Joghurt
Eiswürfelform mit mindestens 15 Einbuchtungen, am besten aus Silikon, weil sich die einzelnen Bites so am besten herauslösen lassen.

1. Heidelbeeren waschen und abtrocknen, zusammen mit dem Honig in den Mixtopf geben und **20 Sek. / Stufe 6** pürieren.
2. Joghurt hinzufügen und mit dem Spatel locker durchrühren, sodass eine marmorierte Masse entsteht.
3. In die Eiswürfelform füllen und glatt streichen.
4. Für mindestens 3 Stunden ins Gefrierfach stellen.

Tipps und Aufbewahrung

Im Gefrierfach sind die Froyo-Bites mehrere Monate haltbar. Vor dem Verzehr aus der Form lösen und noch etwas antauen lassen.

Crêpes süß und pikant

2 Portionen (ca. 6 Crêpes)
Pro Portion Crêpes-Grundrezept: 261 kcal / 31 g KH / 7,6 g F / 14,4 g P

240 g Milch
2 Eier
80 g Mehl, z. B. Roggenvollkornmehl
1 Prise Salz

Crêpes süße Variante

Für 1 Portion (3 Stück)
Pro Portion: 403 kcal / 43,4 g KH / 17,1 g F / 15,1 g P

½ Crêpes-Grundteig (S. o.)
½ EL flüssiger Honig
1 TL Öl oder Butter
50 g Erdbeeren
50 g Heidelbeeren

Crêpes pikante Variante

Für 1 Portion (3 Stück)
Pro Portion: 532 kcal / 43,9 g KH / 23,8 g F / 33 g P

½ Crêpes-Grundteig (S. 60)
70 g Babyspinat
Salz, Pfeffer
1 TL Öl oder Butter
70 g Salatgurke
50 g Feta
150 g Naturjoghurt
1 TL Zitronensaft
1 TL getrocknete Kräuter, z. B. Basilikum, Petersilie

1. Milch, Eier, Mehl und Salz für das **Crêpes-Grundrezept (S. 60) in den Mixtopf geben und 30 Sek. / Stufe 5** verquirlen.
2. Die Hälfte des Teiges in eine Schüssel umfüllen. Die andere Hälfte im Mixtopf belassen und für die süße Variante den Honig hinzufügen und **10 Sek. / Stufe 4** untermischen.
3. Öl in eine Pfanne geben und darin 3 Crêpes der süßen Variante herausbacken. Mixtopf säubern.

→

4. Für die pikanten Crêpes Babyspinat waschen und abtropfen lassen. Ein paar Blätter (ca. 30 g) zurücklegen und den Rest in den Mixtopf geben und **5 Sek. / Stufe 5** hacken.
5. Den Grundteig aus der Schüssel zum Spinat in den Mixtopf füllen, Salz und Pfeffer hinzufügen und **10 Sek. / Linkslauf / Stufe 2** vermischen.
6. Wieder Öl in die Pfanne geben und jetzt die 3 Crêpes der pikanten Variante herausbacken. Mixtopf säubern.
7. Erdbeeren und Heidelbeeren waschen, putzen, abtrocknen, Erdbeeren nach Belieben noch kleiner schneiden und separat aufbewahren (z. B. in einem Meal-Prep-Behälter mit einer großen Einbuchtung für die Crêpes und einer kleineren für die Beeren). Nach dem Auskühlen in den Kühlschrank stellen.
8. Für die pikanten Crêpes die Gurke waschen und in dünne Scheiben schneiden. Zusammen mit dem restlichen Babyspinat auf den Crêpes verteilen und Feta mit der Hand darüber zerbröckeln. Vollständig auskühlen lassen. Zusammenklappen und in einen Aufbewahrungsbehälter geben.
9. Joghurt, Zitronensaft und Kräuter mit Salz und Pfeffer in den Mixtopf geben und **15 Sek. / Stufe 4** vermischen.
10. Die Joghurtsauce erst kurz vor dem Verzehr hinzufügen, also am besten separat in einem kleinen Aufbewahrungsbehälter lagern.

Tipps und Aufbewahrung

Die Crêpes-Varianten sind 3–4 Tage, die Joghurt-Sauce 4–5 Tage im Kühlschrank haltbar.

Flammkuchen süß und pikant

Für 3 Portionen
Pro Portion Flammkuchen-Grundteig: 262 kcal / 40,5 g KH / 6,5 g F / 6,3 g P

200 g Roggenvollkornmehl
1 EL Öl, z. B. Sonnenblumenöl
120 g Wasser
1 Prise Salz

Flammkuchen süße Variante

Für 1 Portion
Pro Portion: 501 kcal / 55,3 g KH / 24,9 g F / 9,1 g P

1/3 Flammkuchen-Grundteig (s. o.)
80 g Schmand
1/2 EL Honig
50 g frische Erdbeeren
25 g frische Heidelbeeren

Flammkuchen pikante Variante

Für 2 Portionen
Pro Portion: 493 kcal / 44,1 g KH / 26 g F / 16,2 g P

$^{2}/_{3}$ Flammkuchen-Grundteig (S. 63)
120 g Schmand
1 TL Zitronensaft
Salz, Pfeffer
4 Cherrytomaten
150 g Spargel aus dem Glas (oder gekocht)
80 g Feta

1. Backofen auf 250 °C Ober- / Unterhitze vorheizen.
2. Roggenvollkornmehl, Öl, Wasser und Salz in den Mixtopf geben und **1 Min. / Knetmodus** verkneten.
3. Teig entnehmen, drei Kugeln daraus formen und auf einer bemehlten Arbeitsfläche zu Flammkuchenböden dünn (ca. 0,5 cm) ausrollen. Mixtopf säubern.
4. Für die süße Variante (siehe S. 63) 80 g Schmand mit Honig in den Mixtopf geben und **15 Sek. / Stufe 3** verrühren, danach auf einen Flammkuchenboden aufstreichen. Mixtopf säubern.
5. Für die pikante Variante 120 g Schmand mit Zitronensaft, Salz und Pfeffer in den Mixtopf geben und **15 Sek. / Stufe 3** verrühren, danach auf die beiden anderen Flammkuchenböden aufstreichen. Mixtopf säubern.
6. Alle Flammkuchen auf einem Backgitter auf unterer Schiene für 12–15 Min. in den Backofen geben.
7. Cherrytomaten waschen, abtrocknen, halbieren oder in Scheiben schneiden.
8. Spargel in Stücke schneiden.
9. Pikante Flammkuchenvariante nach ca. 10 Min. herausnehmen. Spargelstücke und Cherrytomaten auf dem Boden verteilen, Feta darüber bröckeln. Nochmals kräftig salzen und pfeffern.

10. Für weitere 3–5 Min. im Ofen mitbacken lassen.
11. Die Flammkuchen herausnehmen und abkühlen lassen.
12. Erdbeeren und Heidelbeeren putzen und waschen, abtrocknen und separat aufbewahren. Erst kurz vor dem Verzehr auf dem Flammkuchen in süßer Variante verteilen (Der Flammkuchen kann vorher erwärmt werden).

Tipps und Aufbewahrung

Im Kühlschrank ist der Flammkuchen 3–4 Tage haltbar.

Meal-Prep-Tag im zeitlichen Überblick

Diese Arbeiten werden parallel ausgeführt:

<table>
<tr><td colspan="2">10 Min.
Crêpes, süß und herzhaft: Teig herstellen (S. 60), Zubereitungsschritte 1, 2, 4, 5
Milch, Eier, Mehl und Salz in den Mixtopf geben und 30 Sek. / Stufe 5 verquirlen.
Die Hälfte des Teiges in eine Schüssel umfüllen. Die andere Hälfte im Mixtopf belassen und für die süße Variante den Honig hinzufügen und 10 Sek. / Stufe 4 untermischen.
Für die pikanten Crêpes Babyspinat waschen und abtropfen lassen. Ein paar Blätter (ca. 30 g) zurücklegen und den Rest in den Mixtopf geben und 5 Sek. / Stufe 5 hacken.
Den Grundteig aus der Schüssel zum Spinat in den Mixtopf füllen, Salz und Pfeffer hinzufügen und 10 Sek. / Linkslauf / Stufe 2 vermischen.

Beide Teigsorten in eine Schüssel umfüllen. Mixtopf säubern

5 Min.
Joghurtsauce herstellen (S. 62), Zubereitungsschritt 9
Joghurt, Zitronensaft und getrocknete Kräuter mit Salz und Pfeffer in den Mixtopf geben und 15 Sek. / Stufe 4 vermischen.

In einen Aufbewahrungsbehälter umfüllen, Mixtopf säubern.</td></tr>
<tr><td>40 Min.
Gemüsesuppe asiatische Art (S. 55), Zubereitungsschritte 1–7
Koriander waschen, trocken schütteln und in den Mixtopf geben. In 5 Sek. / Stufe 5 klein hacken und in eine Schüssel umfüllen.
Lauchzwiebeln waschen, putzen und in den Mixtopf geben, 5 Sek. / Stufe 5 hacken.</td><td>→</td></tr>
</table>

<table>
<tr>
<td>
Kokosöl hinzufügen und
3 Min. / 100 °C / Linkslauf / Stufe 1 andünsten.
Gemüse waschen, die Karotten schälen und von den Paprikaschoten das Kerngehäuse entfernen.
Paprikaschoten, Karotten und Zucchini in kleine Stücke schneiden und in den Mixtopf hinzufügen. Weitere
3 Min. / 100 °C / Linkslauf / Stufe 1 andünsten.
Kokosmilch, Mungobohnensprossen, Erdnussmus und 100 g Wasser einwiegen und
15 Min. / 100 °C / Linkslauf / Stufe 2 köcheln lassen.
</td>
<td>
10 Min.
Crêpes ausbacken
Öl in eine Pfanne geben und erst die 3 süßen und dann die pikanten Crêpes herausbacken.

5 Min.
Beeren für alle Rezepte der Woche vorbereiten
Erd- und Heidelbeeren für süße Crêpes (S. 60), süßen Flammkuchen (S. 63), und Froyo-Bites (S. 59), vorbereiten.
100 g Erdbeeren und 150 g Heidelbeeren waschen, putzen, abtrocknen, Erdbeeren nach Belieben noch kleiner schneiden.
→
</td>
</tr>
</table>

Koriandergrün und Gewürze hinzufügen und **5 Min. / 100 °C / Linkslauf / Stufe 2** fertig garen. Asiatische Gemüsesuppe nach dem Kochen noch heiß in zwei Einmachgläser abfüllen und verschließen.	5 Min. Fertigstellung der Crêpes Süße Crêpes in einen Aufbewahrungsbehälter geben und die Beeren (50 g Erdbeeren, 50 g Heidelbeeren) separat aufbewahren (z. B. in einem Meal-Prep-Behälter mit einer großen Einbuchtung für die Crêpes und einer kleineren für die Beeren). Nach dem Auskühlen in den Kühlschrank stellen. Für die pikanten Crêpes die Gurke waschen und in dünne Scheiben schneiden. Zusammen mit dem restlichen Babyspinat auf den Crêpes verteilen und Feta mit der Hand darüber zerbröckeln. Vollständig auskühlen lassen. Zusammenklappen und in einen Aufbewahrungsbehälter geben.
	5 Min. Vorbereitung des Belags für den pikanten Flammkuchen (S. 64), Zubereitungsschritte 7–8 Cherrytomaten waschen, abtrocknen, halbieren oder in Scheiben schneiden. Spargel in Stücke schneiden. 10 Min. Vorbereitung des Gemüses für den Linseneintopf (S. 57), Zubereitungsschritte 1, 3,4 Lauchzwiebeln waschen, putzen und in den Mixtopf geben. **5 Sek. / Stufe 5** hacken Suppengrün waschen und putzen, die Karotten und den Sellerie schälen und in Würfel schneiden, Petersilie kleiner zupfen und Lauch in Scheiben schneiden. Paprika waschen, Gehäuse entfernen und würfeln. →

<table>
<tr><td colspan="2">5 Min.
Zubereitung Froyo-Bites (S. 59), Zubereitungsschritte 1–4
Die Beeren wurden bereits vorbereitet (S. 67).
Heidelbeeren zusammen mit Süßungsmittel in den Mixtopf geben und 20 Sek. / Stufe 6 pürieren.
Joghurt hinzufügen und mit dem Spatel locker durchrühren, sodass eine marmorierte Masse entsteht.
In die Eiswürfelform füllen und glatt streichen.
Für mind. 3 Stunden ins Gefrierfach stellen.</td></tr>
<tr><td>25 Min.
Flammkuchen süß und pikant (S. 63), Zubereitungsschritte 1–6
Backofen auf 250 °C Ober- / Unterhitze vorheizen.
Roggenvollkornmehl, Öl, Wasser und Salz in den Mixtopf geben und 1 Min. / Knetmodus verkneten.
Teig entnehmen, drei Kugeln daraus formen und auf einer bemehlten Arbeitsfläche zu Flammkuchenböden dünn (ca. 0,5 cm) ausrollen. Mixtopf säubern.
Für den süßen Belag 80 g Schmand mit Honig in den Mixtopf geben und 15 Sek. / Stufe 3 verrühren, danach auf einen Flammkuchenboden aufstreichen. Mixtopf säubern.
Für die pikante Variante 120 g Schmand mit Zitronensaft, Salz und Pfeffer in den Mixtopf geben und 15 Sek. / Stufe 3 verrühren, danach auf die beiden anderen Flammkuchenböden aufstreichen. Mixtopf säubern.
Alle Flammkuchen auf einem Backgitter auf unterer Schiene für 12–15 Min. in den Backofen geben.</td><td>→</td></tr>
</table>

	45 Min. Linseneintopf (S. 57), Zubereitungsschritte 2, 5, 6, 7 Gemüse wurde bereits vorbereitet (S. 68). Butterschmalz mit den Lauchzwiebeln in den Mixtopf geben und **3 Min. / 100 °C / Linkslauf / Stufe 1** andünsten. Suppengrün-Stücke und Paprikawürfel zu den Lauchzwiebeln in den Mixtopf geben und **3 Min. / 100 °C / Linkslauf / Stufe 1** andünsten. Wasser, Gemüsebrühepulver und Tellerlinsen hinzufügen und **35 Min. / 100 °C / Linkslauf / Stufe 1** garen.
5 Min. Flammkuchen (S. 63) fertig stellen, Zubereitungsschritte 9–10 Beeren und pikanten Belag haben wir bereits vorbereitet (S. 67 / 68.) Pikante Flammkuchenvariante nach ca. 10 Min. herausnehmen. Spargelstücke und Cherrytomaten auf dem Boden verteilen, Feta darüberbröckeln. Nochmals kräftig salzen und pfeffern. Für weitere 3–5 Min. im Ofen mitbacken. Die Flammkuchen herausnehmen und abkühlen lassen.	
	Chorizo-Wurst in mundgerechte Stücke schneiden, in den Mixtopf hinzufügen und **5 Min. / 100 °C / Linkslauf / Stufe 1** fertig kochen. Mit Salz und Pfeffer abschmecken. →

	Linseneintopf nach dem Kochen noch heiß in drei Einmachgläser abfüllen und verschließen.

Meal-Prep-Zeit für Wochenplan 3: ca. 130 Min. Zubereitungszeit (ohne Abkühlzeit).

Wochenplan 4

Vorhaben und Voraussetzungen

- Sie bereiten für 5 Tage Frühstück, Nachmittagssnack und Abendessen zu.
- Das Gefrierfach wird nicht benötigt.
- Diese Woche wird ein zweiter Meal-Prep-Tag eingelegt.
- Mit der Bedarfsliste 1 bereiten Sie den Großteil der benötigten Zutaten für die Woche vor, z. B. trockene Zutaten und solche, die man in größeren Mengen kaufen und bis zum zweiten Meal-Prep-Tag gut lagern kann. So muss am Dienstag nur ein kleiner Einkauf erledigt werden.

	Frühstück	Nachmittagssnack	Abendessen
Sa	Planung für die Woche und Einkauf nach Bedarfsliste 1 (S. 75)		
So	Meal-Prep-Tag 1 (S. 85)		
Mo	2 Stück Oatmeal-Muffins mit Bananen und Beeren (S. 76)	1 Portion Milchreis mit Beeren (S. 78)	1 Portion Fischpäckchen (S. 81)
Di	1 Portion Milchreis mit Beeren (S. 78) **Einkauf nach** Bedarfsliste 2 (S. 75) **und** Meal-Prep-Tag 2 (S. 88)	2 Stück Oatmeal-Muffins mit Bananen und Beeren (S. 76)	1 Portion Fischpäckchen (S. 81)
Mi	2 Stück Oatmeal-Muffins mit Bananen und Beeren (S. 76)	1 Portion Milchreis-Auflauf (S. 80)	3 Putenfrikadellen (S. 82) mit 1 Portion Tomatensauce (S. 46) →

	Frühstück	Nachmittagssnack	Abendessen
Do	1 Portion Milchreis-Auflauf (S. 80)	2 Stück Oatmeal-Muffins mit Bananen und Beeren (S. 76)	1 Putenfrikadellen-Burger (S. 83) bestrichen mit ½ Portion Tomatensauce (S. 46), belegt mit 2 Blättern Salat; 1 Tomate, 1 Stück Gurke (ca. 5 cm) und ½ rote Zwiebel, jeweils in Scheiben
Fr	2 Stück Oatmeal-Muffins mit Bananen und Beeren (S. 76)	1 Stück Vollkornbrötchen (S. 84) mit 1 TL Butter bestrichen und mit 1 Tomate belegt, Salz, Pfeffer	1 Putenfrikadellen-Burger (S. 83) bestrichen mit ½ Portion Tomatensauce (S. 46), belegt mit 2 Blättern Salat; 1 Tomate, 1 Stück Gurke (ca. 5 cm) und ½ rote Zwiebel, jeweils in Scheiben

Von den 5 Vollkornbrötchen werden 3 für Putenfrikadellen-Burger und als Nachmittagssnack verwendet. Die restlichen 2 können zu anderen Mahlzeiten eingeplant oder in die nächste Woche übernommen werden.

Bedarfsliste 1

- ☐ 2 Fischfilets (jeweils ca. 150 g), z. B. Rotbarsch, Pangasius
- ☐ 1100-1150 g Milch (oder Milchalternative, z. B. Mandelmilch)
- ☐ 2 EL Butter
- ☐ 3 Eier
- ☐ 125 g Himbeeren
- ☐ 125 g Heidelbeeren
- ☐ 2 Bananen
- ☐ 4 TL Zitronensaft
- ☐ 1 kleine Zucchini
- ☐ 2 rote Paprikaschoten
- ☐ 2 gelbe Paprikaschoten
- ☐ 5 Stängel Petersilie
- ☐ 1 Schalotte oder ½ Zwiebel
- ☐ 1 rote Zwiebel
- ☐ 1 Knoblauchzehe
- ☐ ½ Dose gehackte Tomaten (ca. 200 g)
- ☐ 1 EL gehackte Kräuter, z. B. Petersilie, Oregano, Schnittlauch
- ☐ 1 EL Tomatenmark
- ☐ 300 g Mehl, z. B. Dinkelvollkornmehl
- ☐ 1 EL Backpulver
- ☐ 150 g + 2 EL Haferflocken
- ☐ 230 g Milchreis
- ☐ 50 g Saaten und Kerne, z. B. Sesamsamen, Sonnenblumenkerne, Kürbiskerne (optional)
- ☐ 1 TL blanchierte Mandeln
- ☐ 1 TL Walnüsse, (grob zerkleinert)
- ☐ 1 EL Rosinen (oder Trockenfrüchte nach Wahl)
- ☐ 1 ½ EL Gemüsebrühepulver
- ☐ 3 EL Zucker (oder Süßungsmittel nach Wahl)
- ☐ 1 TL Rohrzucker (oder brauner Zucker)
- ☐ 1 EL Honig (oder Süßungsmittel nach Wahl)
- ☐ ½ Päckchen frische Hefe (ca. 20 g)
- ☐ Zimt + 1 Zimtstange
- ☐ Vanillepulver
- ☐ Salz, Pfeffer
- ☐ Kräutersalz
- ☐ Paprikapulver edelsüß und rosenscharf
- ☐ Chilipulver (optional)
- ☐ ½ TL Brotgewürz
- ☐ 4 TL Öl, z. B. Olivenöl
- ☐ 1 EL mittelscharfer Senf
- ☐ 850 g Wasser

Bedarfsliste 2

3 Putenbrustfilets, jeweils 150 g
3 Tomaten
1 Lauchzwiebel
4 Blätter Salat, z. B. Lollo Rosso
1 Stück Gurke (ca. 10 cm)

Die Rezepte der Woche

Oatmeal-Muffins mit Bananen und Beeren

Für 10 Stück (Muffinblech)
Pro Stück: 169 kcal / 28,7 g KH / 2,6 g F / 5,8 g P

- 75 g Himbeeren
- 75 g Heidelbeeren
- 2 Bananen
- 2 Eier
- 1 EL Honig (oder Süßungsmittel nach Wahl)
- 1 Prise Vanillepulver
- 1 Prise Zimt
- 1 Prise Salz
- 100-150 g Milch oder Milchalternative, z. B. Mandelmilch
- 150 g Mehl, z. B. Dinkelvollkornmehl
- 1 EL Backpulver
- 150 g Haferflocken

1. Backofen auf 180 °C Umluft vorheizen, ein Muffinblech fetten oder mit 10 Muffinförmchen auslegen.
2. Himbeeren und Heidelbeeren waschen und abtrocknen.
3. Bananen schälen und zusammen mit Eiern, Honig, Vanillepulver, Zimt, Salz und 100 g Milch in den Mixtopf geben, **30 Sek. / Stufe 5** mixen.
4. Mehl und Backpulver hinzufügen und **10 Sek. / Stufe 5** vermengen.
5. 1 EL Haferflocken und einige Beeren beiseitelegen, den Rest zum Teig in den Mixtopf füllen, **10 Sek. / Linkslauf / Stufe 1** unterheben.
6. Teig gleichmäßig auf die Muffinförmchen oder die Mulden des Muffinblechs verteilen.
7. Restliche Beeren auf den Teig geben und mit den restlichen Haferflocken bestreuen.
8. In den Ofen geben und ca. 20–25 Min. backen.

Tipps und Aufbewahrung

Nach dem vollständigen Auskühlen im Kühlschrank lagern. Die Muffins sind dort ca. 1 Woche lang haltbar.

Milchreis-Varianten

Milchreis-Grundrezept

Für 4 Portionen

1000 ml Milch
1 Prise Salz
2 EL Zucker (oder Süßungsmittel nach Wahl)
1 Prise Vanillepulver
1 Zimtstange, alternativ 1 TL Zimt
230 g Milchreis

Für die Milchreis-Beeren-Variante:
Für 2 Portionen
Pro Portion: 372 kcal / 68 g KH / 4,5 g F / 12,3 g P

50 g Himbeeren
50 g Heidelbeeren

1. Rühraufsatz (Schmetterling) einsetzen.
2. Milch, Salz, Zucker, Vanillepulver und Zimtstange in den Mixtopf geben und **8 Min. / 100 °C / Stufe 1** aufkochen.
3. Milchreis hinzufügen und **30 Min. / 90 °C / Stufe 1** garen.
4. Eine Hälfte des Milchreises auf 2 verschließbare Glasgefäße aufteilen; er quillt noch nach.
5. Beeren waschen, abtrocknen und nach dem vollständigen Abkühlen auf den Milchreis geben.
6. Die andere Hälfte des Milchreises wird für den Milchreis-Auflauf (S. 80) verwendet.

Tipps und Aufbewahrung

Mit frischer Minze servieren. Nach dem vollständigen Abkühlen in den Kühlschrank stellen. Innerhalb von 2–3 Tagen verzehren.

Milchreis-Auflauf

Für 2 Portionen
Pro Portion: 526 kcal / 73,2 g KH / 18,8 g F / 14 g P

½ Milchreis-Grundzubereitung (S. 78)
1 EL weiche Butter
1 TL Rohrzucker (oder brauner Zucker)
1 TL blanchierte Mandeln
1 TL Walnüsse (grob zerkleinert)
1 EL Rosinen (oder Trockenfrüchte nach Wahl)
1 TL Zimt
2 Soufflé-Formen, ca. 9 cm Durchmesser

1. Backofen auf 180 °C Umluft vorheizen, Soufflé-Formen fetten.
2. Grundrezept (S. 78) herstellen. Die Hälfte des Milchreises für »Milchreis mit Beeren« (S. 78) entnehmen. Den restlichen Milchreis im Mixtopf belassen.
3. Butter, Zucker, Mandeln, Walnüsse und Rosinen hinzufügen und **20 Sek. / Linkslauf / Stufe 1** vermischen.
4. In die Soufflé-Formen füllen, mit Alufolie abdecken und ca. 10–15 Min. im Ofen backen.
5. Aus dem Ofen nehmen und komplett abkühlen lassen, bevor die Alufolie abgenommen wird.
6. Mit jeweils ½ TL Zimt bestreuen.

Tipps und Aufbewahrung

Mit frischer Minze servieren. Den Milchreis nach dem vollständigen Auskühlen abdecken, z. B. mit Frischhaltefolie, in den Kühlschrank stellen und innerhalb von 5 Tagen verbrauchen.

Fischpäckchen

Für 2 Portionen
Pro Portion: 294 kcal / 12 g KH / 11,6 g F / 32,1 g P

- 2 Fischfilets, jeweils ca. 150 g, z. B. Rotbarsch, Pangasius
- 2 TL Zitronensaft
- Salz, Pfeffer, Kräutersalz
- 1 rote Paprikaschote
- 1 gelbe Paprikaschote
- 1 kleine Zucchini
- 3 Stängel Petersilie
- 2 TL Öl, z. B. Olivenöl
- 750 g Wasser
- 1 EL Gemüsebrühepulver

1. Fischfilets waschen und trocken tupfen. Dann mit jeweils 1 TL Zitronensaft beträufeln, salzen und pfeffern.
2. Paprikaschoten waschen, Gehäuse entfernen und in Streifen schneiden.
3. Zucchini waschen und in Streifen oder Scheiben schneiden.
4. Petersilie waschen, trocken schütteln und kleiner zupfen.
5. Gemüsestücke mit Petersilie vermischen und mit Kräutersalz würzen
6. 2 Stück Alufolie vorbereiten und mit jeweils 1 TL Olivenöl einpinseln.
7. Fisch jeweils auf ein Alufolienstück legen und darauf die Gemüse-Petersilienmischung geben.
8. Die Alufolie jeweils zu einem Päckchen verschließen und in den Varoma geben.
9. Wasser und Gemüsebrühepulver in den Mixtopf füllen, Varoma aufsetzen und **25 Min. / Varoma / Stufe 1** garen.

Tipps und Aufbewahrung

Die Fischpäckchen nach dem vollständigen Auskühlen in Aufbewahrungsbehälter umfüllen und in den Kühlschrank stellen. Innerhalb von 2 Tagen verzehren.

Putenfrikadellen

Für 5 Stück
Pro Stück: 155 kcal / 6,2 g KH / 3,2 g F / 24,3 g P

1 Lauchzwiebel
1 gelbe Paprikaschote
1 rote Paprikaschote
2 Stängel Petersilie
3 Putenbrustfilets, jeweils 150 g
1 Ei
2 EL Haferflocken
1 EL mittelscharfer Senf
Salz, Pfeffer

1. Backofen auf 180 °C Umluft vorheizen.
2. Lauchzwiebel waschen, putzen und in grobe Stücke schneiden. Paprika waschen, Kerngehäuse entfernen und in grobe Stücke schneiden. Petersilie waschen und kleiner zupfen.
3. Lauchzwiebel, Paprika und Petersilie in den Mixtopf einfüllen und **5–7 Sek. / Stufe 5** zerkleinern. In eine Schüssel umfüllen.
4. Putenbrustfilets waschen, trocken tupfen, in grobe Stücke schneiden, in den Mixtopf geben und ca. **15 Sek. / Stufe 5** zerkleinern.
5. Ei, Haferflocken, Senf, Gewürze und das zerkleinerte Gemüse hinzufügen und **30 Sek. / Linkslauf / Stufe 1** vermischen.
6. Aus der Masse 5 Frikadellen formen und auf ein mit Backpapier ausgelegtes Backblech oder in eine gefettete Auflaufform geben.
7. In den Ofen schieben und 20–25 Min. backen. Nach ca. 15 Min. wenden.

Tipps und Aufbewahrung

Nach dem vollständigen Auskühlen in Aufbewahrungsbehälter füllen und in den Kühlschrank stellen. Innerhalb von 3–4 Tagen verzehren. Dazu schmeckt Tomatensauce (S. 46). Lässt sich sehr gut als Burger-Bratling verwenden, z. B. mit Vollkornbrötchen (S. 84).

Putenfrikadellen-Burger

Vorschläge finden Sie im Wochenplan 4 (S. 73).
Den Burger am besten am Tag des Verzehrs erst belegen, damit das Brötchen nicht durchweicht.

Vollkornbrötchen

Für 5 Stück
Pro Stück: 176 kcal / 21 g KH / 5,7 g F / 7,7 g P

150 g Dinkelvollkornmehl*
½ Päckchen frische Hefe (ca. 20 g)
1 TL Olivenöl
100 g Wasser lauwarm
1 TL Salz
1 Prise Zucker
½ TL Brotgewürz (optional)
50 g Saaten und Kerne,
z. B. Sesamsamen,
Sonnenblumenkerne,
Kürbiskerne (optional)

1. Backofen auf 180 °C Umluft vorheizen, ein Backblech mit Backpapier belegen.
2. Mehl, Hefe, Öl, Salz, Zucker und Brotgewürz in den Mixtopf geben und **2 Min. / im Knetmodus** verkneten.
3. Teig entnehmen und 5 Brötchen daraus formen.
4. Auf das mit Backpapier ausgelegte Backblech geben und mit Wasser einpinseln.
5. Nach Belieben mit Kernen und Saaten bestreuen und diese etwas andrücken. Noch mindestens 10 Min. mit einem Küchentuch abgedeckt gehen lassen.
6. Danach in den Backofen geben und ca. 20–25 Min. backen.

Tipps und Aufbewahrung

*Dinkelvollkornmehl kann man auch selbst herstellen, dazu einfach Dinkelkörner in den Mixtopf geben und auf Stufe 10 mahlen (Vorsicht: laut!).
Nach dem vollständigen Auskühlen in Aufbewahrungsbehälter umfüllen. Innerhalb von einer Woche verzehren. Die Vollkornbrötchen eignen sich sehr gut als Burger, z. B. für die Putenfrikadellen (S. 82).

Meal-Prep-Tag 1 im zeitlichen Überblick

Diese Arbeiten werden parallel ausgeführt:

40 Min. Milchreis-Grundrezept (S. 78), Zubereitungsschritte 1–3 Rühraufsatz (Schmetterling) einsetzen Milch, Salz, Zucker, Vanillepulver und Zimtstange in den Mixtopf geben und **8 Min. / 100 °C / Stufe 1** aufkochen. Milchreis hinzufügen und **30 Min. / 90 °C / Stufe 1** garen.	5 Min. Backvorbereitungen treffen Backofen auf 180 °C aufheizen, ein Muffinblech fetten oder mit 10 Muffinförmchen auslegen und Soufflé-Formen fetten. 5 Min. Beeren für die Rezepte der Woche vorbereiten 125 g Himbeeren und 125 g Heidelbeeren waschen und abtrocknen.
2 Min. Milchreis (für Milchreis mit Beeren) in 2 Gläser aufteilen (S. 78), Zubereitungsschritt 4 Eine Hälfte des Milchreises auf 2 verschließbare Glasgefäße aufteilen; er quillt noch nach.	→

20 Min. Milchreis-Auflauf (S. 80) vorbereiten, Zubereitungsschritte 2–5 Den restlichen Milchreis im Mixtopf belassen. Butter, Zucker, Mandeln, Walnüsse und Rosinen hinzufügen und **20 Sek. / Linkslauf / Stufe 1** vermischen. In 2 gefettete Soufflé-Formen füllen, mit Alufolie abdecken und ca. 10–15 Min. im Ofen backen.	
	30 Min. Oatmeal-Muffins mit Bananen und Beeren (S. 76), Zubereitungsschritte 3–8 Bananen schälen und zusammen mit Eiern, Honig, Vanillepulver, Zimt, Salz und 100 ml Milch in den Mixtopf geben, **30 Sek. / Stufe 5** mixen. Mehl und Backpulver hinzufügen und **10 Sek. / Stufe 5** vermengen.
Milchreis-Auflauf aus dem Ofen nehmen und vollständig abkühlen lassen, bevor die Alufolie abgenommen wird.	1 EL Haferflocken und ein paar Beeren beiseitelegen, den Rest zum Teig in den Mixtopf füllen, **10 Sek. / Linkslauf / Stufe 1** unterheben. Teig gleichmäßig auf die Muffinförmchen oder die Mulden des Muffinblechs verteilen. Restliche Beeren auf den Teig geben und mit restlichen Haferflocken bestreuen. In den Ofen geben und ca. 20–25 Min. backen.
15 Min. Zubereitung Tomatensauce (S. 46), Zubereitungsschritte 1–4 Schalotte und Knoblauchzehe abziehen, in den Mixtopf geben und **5 Sek. / Stufe 5** zerkleinern.	→

Öl hinzufügen und **3 Min. / Varoma / Stufe 1** andünsten.
Gehackte Tomaten, Tomatenmark, Süßungsmittel, Gewürze, Gemüsebrühepulver und Kräuter hinzufügen und **10 Min. / 100 °C / Stufe 2** köcheln lassen.
Falls eine weniger stückige Konsistenz gewünscht ist, bis zur gewünschten Beschaffenheit aufsteigend mit Stufe 2–7 pürieren und noch heiß in ein Einmachglas abfüllen bzw. direkt auf 2 Portionsgläser verteilen und verschließen.

Oatmeal-Muffins aus dem Ofen nehmen und abkühlen lassen.

35 Min.
Fischpäckchen (S. 81), Zubereitungsschritte 1–9
Fischfilets waschen und trocken tupfen. Dann mit jeweils 1 TL Zitronensaft beträufeln, salzen und pfeffern.
Paprikaschoten waschen, Gehäuse entfernen und in Streifen schneiden.
Zucchini waschen und in Streifen oder Scheiben schneiden.
Petersilie waschen, trocken schütteln und kleiner zupfen.
Gemüsestücke mit Petersilie vermischen und mit Kräutersalz würzen
2 Stück Alufolie vorbereiten und mit jeweils 1 TL Olivenöl einpinseln.
Fisch jeweils auf ein Alufolienstück legen und darauf die Gemüse-Petersilienmischung geben.
Die Alufolie jeweils zu einem Päckchen verschließen und in den Varoma geben.
Wasser und Gemüsebrühepulver in den Mixtopf füllen, Varoma aufsetzen und **25 Min. / Varoma / Stufe 1** garen.

10 Min.
Abschließende Arbeiten, Umfüllen in Aufbewahrungsbehälter
Beeren (für Milchreis mit Beeren) auf den Milchreis geben
Milchreisaufläufe mit jeweils ½ TL Zimt bestreuen.
Oatmeal-Muffins in Aufbewahrungsbehälter geben.
Fischpäckchen in Aufbewahrungsbehälter legen.

Meal-Prep-Tag 1 für Wochenplan 4 (ohne Abkühlzeit): ca. 122 Min.

Meal-Prep-Tag 2 im zeitlichen Überblick

Diese Arbeiten werden parallel ausgeführt:

<table>
<tr><td colspan="2">Backofen auf 180 °C Umluft vorheizen, ein Backblech mit Backpapier belegen.</td><td></td></tr>
<tr><td>15 Min.
Vollkornbrötchen (S. 84), Zubereitungsschritte 2–5
Mehl, Hefe, Öl, Salz, Zucker und Brotgewürz für die Brötchen in den Mixtopf geben und 2 Min. / Knetmodus verkneten.
Teig entnehmen und 5 Brötchen daraus formen.
Auf das mit Backpapier ausgelegte Backblech geben und mit Wasser einpinseln.
Nach Belieben mit Kernen und Saatenbestreuen und diese etwas andrücken. Noch mind. 10 Min. mit einem Küchentuch abgedeckt gehen lassen.</td><td>10 Min.
Putenfrikadellen (S. 82), Zubereitungsschritte 2–6
Lauchzwiebel waschen, putzen und in grobe Stücke schneiden. Paprika waschen, Kerngehäuse entfernen und in grobe Stücke schneiden. Petersilie waschen und kleiner zupfen.
Lauchzwiebel, Paprika und Petersilie in den Mixtopf einfüllen und 5–7 Sek. / Stufe 5 zerkleinern. In eine Schüssel umfüllen.
Putenbrustfilets waschen, trocken tupfen, in grobe Stücke schneiden, in den Mixtopf geben und ca. 15 Sek. / Stufe 5 zerkleinern.</td><td>→</td></tr>
</table>

<table>
<tr><td></td><td>Ei, Haferflocken, Senf, Gewürze und das zerkleinerte Gemüse hinzufügen und
30 Sek. / Linkslauf / Stufe 1
vermischen.
Aus der Masse 5 Frikadellen formen und auf ein mit Backpapier ausgelegtes Backblech oder in eine gefettete Auflaufform geben.</td><td></td></tr>
<tr><td colspan="2">25 Min.
Backzeit
Vollkornbrötchen und Putenfrikadellen in den Backofen schieben und 20–25 Min. backen. Nach ca. 15 Min. die Putenfrikadellen wenden.</td><td>10 Min.
Salat und Gemüse für Putenfrikadellen-Burger vorbereiten</td></tr>
</table>

Meal-Prep-Tag 2 für Wochenplan 4: ca. 40 Min.

Wochenplan 5

Vorhaben und Voraussetzungen

- Sie bereiten für 5 Tage Lunch to go für die Arbeit und für das Abendessen zu.
- Das Gefrierfach wird nicht benötigt.
- Mit der Bedarfsliste 1 bereiten Sie den Großteil der Zutaten für die Woche vor, z. B. trockene Zutaten und solche, die man in größeren Mengen kaufen und bis zum 2. Meal-Prep-Tag gut lagern kann. So muss am Mittwoch nur ein kleiner Einkauf erledigt werden sowie das Hähnchencurry und Reissalat mit gedünstetem Gemüse vorbereitet werden.

	Lunch für die Arbeit	Abendessen
Sa	Planung für die Woche und Einkauf nach Bedarfsliste 1 (S. 93)	
So	Meal-Prep-Tag 1	
Mo	1 Portion Nudelsalat to go (S.96)	1 Portion Gulasch (S. 94) mit 1 Portion Rotkohlsalat (S. 97)
Di	1 Portion Rotkohlsuppe (S.98) mit 2 Scheiben Vollkornbaguette (S.100)	1 Portion Gulasch mit Nudeln (S. 94)
Mi	1 Portion Nudelsalat to go (S.96) Einkauf nach Bedarfsliste 2 (S.93) und Meal-Prep-Tag 2	1 Portion Gulasch (S. 94) mit 1 Portion Rotkohlsalat (S. 97)
Do	1 Portion Rotkohlsuppe (S.98) mit 2 Scheiben Vollkornbaguette (S.100)	1 Portion Hähnchencurry (S.101) mit Reis und 2 EL Gemüse von 1 Portion Reissalat mit gedünstetem Gemüse (S.44)
Fr	1 Portion Reissalat mit gedünstetem Gemüse (S. 44)	1 Portion Hähnchencurry (S.101) auf einem großen Stück Vollkornbaguette (S.100) mit restlichem Gemüse von 1 Portion Reissalat mit gedünstetem Gemüse (S.44), siehe Abendessen Do

→

Tipps zum Zusammenlegen der Rezepte:

- Der Rotkohl lässt sich praktisch im Thermomix® vorbereiten und später jeweils zu Salat oder Suppe weiterverarbeiten.
- Übriges Vollkornbaguette kann man für andere Mahlzeiten verwenden, z. B. zum Frühstück.

Bedarfsliste 1

- ☐ 450 g Gulasch, z. B. von Rind oder Schwein
- ☐ 600 g Rotkohl
- ☐ 1 rote Paprikaschote
- ☐ 2 gelbe Paprikaschoten
- ☐ 10 Cherrytomaten
- ☐ 1 Stück Salatgurke (ca. 15 cm)
- ☐ 1 Handvoll Blattspinat (oder Salatblätter nach Wahl)
- ☐ 3 Zwiebeln
- ☐ 6 EL Kichererbsen (aus der Dose)
- ☐ 200 g stückige Tomaten (aus der Dose)
- ☐ 1 Apfel (süß-säuerliche Sorte, z. B. Braeburn)
- ☐ 1 EL Zitronensaft
- ☐ 2 EL Schmand
- ☐ 50 g Feta
- ☐ 150 g Naturjoghurt
- ☐ 200 g Kokosmilch (light)
- ☐ 140 g Nudeln, z. B. Fusilli
- ☐ 150 g Reis (mit Garzeit ca. 20 Min.)
- ☐ 250 g Dinkelvollkornmehl
- ☐ 200 g Weizenvollkornmehl
- ☐ 2 EL Walnüsse
- ☐ 1 Päckchen frische Hefe (ca. 42 g)
- ☐ 4 EL Tomatenmark
- ☐ 1 TL Meerrettich
- ☐ 1 EL rote Currypaste
- ☐ 4 ½ EL Gemüsebrühepulver
- ☐ ½ TL Honig, Agavendicksaft (oder Süßungsmittel nach Wahl)
- ☐ 2 Prisen Zucker (oder Süßungsmittel nach Wahl)
- ☐ 9 EL Öl, z. B. Olivenöl oder Rapsöl
- ☐ 2 EL Essig, z. B. Balsamico dunkel
- ☐ 9 EL Essig, z. B. Balsamico weiß
- ☐ Salz, Pfeffer
- ☐ 1 EL Currypulver
- ☐ Paprikapulver edelsüß und rosenscharf
- ☐ ½ TL getrocknete Kräuter, z. B. Basilikum
- ☐ 1000 g Wasser

Bedarfsliste 2

- ☐ 250 g Hühnchenbrustfilet
- ☐ 3 kleine Karotten
- ☐ 200 g Brokkoli

Die Rezepte der Woche

Gulasch mit Nudeln – in Kombination mit Nudelsalat to go (S. 96)

Für 3 Portionen Gulasch
Pro Portion: 272 kcal / 15,5 g KH / 15,5 g F / 14,3 g P
Für 1 Portion Nudeln als Beilage (70 g Rohgewicht)
Pro Portion: 245 kcal / 79,8 g KH / 28,8 g F / 35,1 g P

450 g Gulasch, z. B. von Rind oder Schwein
1 rote Paprikaschote
1 Zwiebel
1 EL Öl
2 EL Tomatenmark
200 g stückige Tomaten (aus der Dose)
500 g Wasser
1 EL Gemüsebrühepulver
Salz, Pfeffer
Paprikapulver edelsüß und rosenscharf
140 g Nudeln, z. B. Fusilli, davon 70 g für den Nudelsalat to go (S. 96)

1. Fleisch abspülen und abtropfen lassen.
2. Paprikaschote waschen, abtrocknen, Kerngehäuse entfernen und in Würfel schneiden.
3. Zwiebel abziehen, halbieren und in den Mixtopf geben. **5 Sek. / Stufe 5** hacken.
4. Öl hinzufügen und **2 Min. / 100 °C / Stufe 1** andünsten.
5. Tomatenmark und Fleisch dazugeben und **5 Min. / 100 °C / Linkslauf / Stufe 1** weiterdünsten.
6. Tomatenstücke, Wasser, Gemüsebrühepulver und Gewürze hinzufügen. **30 Min. / 100 °C / Linkslauf / Stufe 2** köcheln lassen.

7. Paprikastücke hinzufügen und nochmals **30 Min. / 100 °C / Linkslauf / Stufe 2** fertig kochen.
8. Während der Gulasch-Garzeit die Nudeln in kochendem Salzwasser nach Packungsanleitung zubereiten.
9. Gulasch noch heiß in Einmachgläser abfüllen. Nudeln auf verschiedene Aufbewahrungsbehälter verteilen: eine Hälfte als Gulasch-Beilage und die andere Hälfte in 2 Einmachgläser für den Nudelsalat to go (S. 96).

Tipps und Aufbewahrung

Sollte die Gulasch-Sauce noch nicht sämig sein, kann man 20 g Mehl mit 50 g Wasser in einer Schüssel vermischen und dann **5 Min. / 90 °C / Linkslauf / Stufe 1** durch die Mixtopfdeckelöffnung einfließen lassen, um sie zu binden.
Nach dem vollständigen Abkühlen hält sich das Gulasch verschlossen bis zu 5 Tage im Kühlschrank. Die Nudeln sollten innerhalb von 3–4 Tagen verzehrt werden. Gulasch am besten erst kurz vor dem Verzehr über die Nudeln geben.

Nudelsalat to go

Für 2 Portionen
Pro Portion: 373 kcal / 39,9 g KH / 14,4 g F / 17,5 g P

- 6 EL Kichererbsen (aus der Dose)
- 10 Cherrytomaten
- 1 Stück Salatgurke (ca. 15 cm)
- 1 Handvoll Blattspinat (oder Salatblätter nach Wahl)
- 50 g Feta
- 70 g Nudeln (S. 95): Zubereitungsschritte 8-9
- 2 EL Essig, z. B. Balsamico weiß
- 150 g Naturjoghurt
- 1 EL Olivenöl
- ½ TL getrocknete Kräuter, z. B. Basilikum
- Salz, Pfeffer
- 2 Einmachgläser mit einem Fassungsvermögen von mindestens 750 ml

1. Kichererbsen abspülen und abtropfen lassen.
2. Tomaten und Gurke waschen und abtrocknen, danach in kleine Stücke schneiden.
3. Blattspinat oder Salat waschen, verlesen, trocken schütteln.
4. Feta in kleine Stücke schneiden.
5. Die Zutaten in die beiden Gläser verteilen: erst Nudeln, dann Gurkenstücke, Kichererbsen, Tomatenstücke, Blattspinat und Feta aufeinanderschichten.
6. Mit Deckel verschließen und in den Kühlschrank stellen.
7. Essig, Joghurt, Öl, Kräuter und Gewürze in den Mixtopf geben und **15 Sek. / Stufe 4** vermischen. Separat in Behälter füllen und vor dem Verzehr in das Salatglas geben, schütteln und genießen.

Tipps und Aufbewahrung

Im Kühlschrank ist der Nudelsalat 3–4 Tage haltbar.

Rotkohlsalat

Für 2 Portionen
Pro Portion: 243 kcal / 47,1 g KH / 4,8 g F / 1,9 g P

300 g Rotkohl
½ Apfel
1 EL Zitronensaft
2 EL Essig, z. B. Balsamico weiß
1 EL Öl z. B. Olivenöl
Salz, Pfeffer
½ TL Honig, Agavendicksaft (oder Süßungsmittel nach Wahl)
1 TL Meerrettich

1. Rotkohl waschen, äußere Blätter abnehmen, in grobe Stücke schneiden und in den Mixtopf geben.
2. Apfel waschen, schälen, Gehäuse entfernen und zum Rotkohl hinzufügen. Alles **5 Sek. / Stufe 5** hacken, mit dem Spatel nach unten schieben. (Man kann auch nur den Apfel im Mixtopf zerkleinern und den Rotkohl gleichmäßig in Streifen schneiden.)
3. Restliche Zutaten hinzufügen und **15 Sek. / Linkslauf / Stufe 2** und mithilfe des Spatels vermischen.
4. Danach in 2 verschließbare Einmachgläser abfüllen.

Tipps und Aufbewahrung

Im Kühlschrank ist der Rotkohlsalat 4–5 Tage lang haltbar.

Rotkohlsuppe

Für 2 Portionen
Pro Portion: 289 kcal / 16,5 g KH / 16,6 g F / 5,3 g P

2 EL Walnüsse
300 g Rotkohl
1 / 2 Apfel (süß-säuerliche Sorte, z. B. Braeburn)
1 Zwiebel
1 EL Öl, z. B. Olivenöl
Salz, Pfeffer

2 EL Balsamico dunkel
300 g Wasser
1 EL Gemüsebrühepulver
2 EL Schmand
Salz, Pfeffer

1. Walnüsse in den Mixtopf geben und **2 Sek. / Stufe 5** hacken, in eine Schüssel umfüllen.
2. Rotkohl waschen, äußere Blätter abnehmen, in grobe Stücke schneiden und in den Mixtopf geben.

3. Apfel waschen, schälen, Kerngehäuse entfernen und zum Rotkohl hinzufügen. Alles **5 Sek. / Stufe 5** hacken, mit dem Spatel nach unten schieben. In eine Schüssel umfüllen.
4. Zwiebel abziehen, halbieren und in Mixtopf geben, **5 Sek. / Stufe 5** hacken.
5. Öl hinzufügen und **2 Min. / Varoma / Stufe 1** dünsten.
6. Wasser einwiegen, Gemüsebrühepulver hinzufügen und **12 Min. / 100 °C / Stufe 2** köcheln lassen.
7. Schmand und Gewürze hinzufügen und schrittweise ansteigend **30 Sek. / Stufe 2–8** pürieren.
8. Mit den gehackten Walnüssen bestreuen.

Tipps und Aufbewahrung

Noch heiß in 2 verschließbare Einmachgläser abfüllen.
*Schritte 2–3 kann man sehr gut mit der Zubereitung des Rotkohlsalats (S. 97) zusammenlegen.
Nach dem vollständigen Auskühlen in den Kühlschrank stellen. Dort ist die Suppe ca. 4–5 Tage haltbar.
Dazu schmeckt selbst gemachtes Vollkornbaguette (S. 100).

Vollkornbaguette

Für 2 Baguettes / ca. 20 Scheiben
Pro Scheibe: 84 kcal / 14 g KH / 1,5 g F / 3,4 g P

- 250 g Dinkelvollkornmehl
- 200 g Weizenvollkornmehl
- 1 EL Salz
- 1 Päckchen frische Hefe (ca. 42 g)
- 2 EL Öl, z. B. Rapsöl
- 1 EL Essig, z. B. Balsamico hell
- 1 Prise Zucker (oder Süßungsmittel nach Wahl)
- 300 g Wasser, lauwarm

1. Backofen auf 180 °C Umluft vorheizen.
2. Alle Zutaten in den Mixtopf geben und **3 Min. / Knetmodus** verkneten. Teig in eine bemehlte Schüssel umfüllen und ca. 20 Min. zugedeckt an einem warmen Ort gehen lassen.
3. Danach in 2 Teile aufteilen und zu 2 Baguettes rollen. Auf ein mit Backpapier ausgelegtes Backblech legen, mit Wasser bepinseln und an der Oberfläche leicht einschneiden.
4. In den Backofen schieben und 25–30 Min. backen.

Tipps und Aufbewahrung

Das Baguette trocken lagern, z. B. in einem Brotbehälter, und innerhalb einer Woche verzehren. Es lässt sich auch sehr gut portionsweise einfrieren.

Hähnchencurry

Für 2 Portionen Hähnchencurry
Pro Portion: 296 kcal / 11,5 g KH / 12,8 g F / 32,3 g P

- 250 g Hähnchenbrustfilet
- 1 kleine Karotte
- 1 Zwiebel
- 1 EL Öl
- 1 EL Currypulver
- 2 EL Tomatenmark
- 1 EL rote Currypaste
- 200 g Kokosmilch (light)
- 400 g Wasser
- 1 ½ EL Gemüsebrühepulver
- Salz, Pfeffer
- Paprikapulver edelsüß und rosenscharf

1. Hähnchenbrustfilet waschen, trocken tupfen und in Stücke schneiden.
2. Karotte waschen, schälen und in kleine Würfel schneiden.
3. Zwiebel abziehen, halbieren in den Mixtopf geben und **5 Sek. / Stufe 5** zerkleinern.
4. Öl, Hähnchenbrustfiletstreifen und Karottenstücke hinzufügen und **5 Min. / 100 °C / Linkslauf / Stufe 1** andünsten.
5. Currypulver, Tomatenmark, Currypaste, Kokosmilch, Wasser, Gemüsebrühepulver und Gewürze hinzufügen und **15 Min. / 100 °C / Linkslauf Stufe 1** fertig köcheln lassen.

Tipps und Aufbewahrung

Im Kühlschrank ist das Curry 3–4 Tage haltbar.
Kombi-Tipp: Hähnchencurry in Lunchbox mit Reis und etwas gedünstetem Gemüse oder Hähnchencurry auf einem großen Stück Vollkornbaguette mit Gemüse (siehe Wochenplan 5, S. 91).

Wochenplan 6

Vorhaben und Voraussetzungen

- Sie bereiten für 5 Tage Lunch to go für die Arbeit und das Abendessen zu.
- Das Gefrierfach wird nicht benötigt.
- Die Gerichte für die Woche können am Meal-Prep-Tag komplett vorgekocht und bis zum Verzehr im Kühlschrank gelagert werden.

	Lunch to go	Abendessen
Sa	Planung für die Woche und Einkauf nach Bedarfsliste (S. 105)	
So	Meal-Prep-Tag	
Mo	2 Brokkoli-Ei-Muffins (S. 108)	1 Portion Quinoa mit Limetten-Hähnchen (S. 109) und 1 Portion Kraut-Karotten-Salat mit Limetten-Kräuter-Dressing (S. 110)
Di	1 Portion Quinoa mit Limetten-Hähnchen (S. 109) und 1 Portion Kraut-Karotten-Salat mit Limetten-Kräuter-Dressing (S. 110)	1 Portion (ca. 150 g) Schweinekoteletts mit Kräuter-Marinade (S. 114) und 1 Portion Gemischtes Kräutergemüse (S. 112)
Mi	2 Brokkoli-Ei-Muffins (S. 108)	1 Portion Hähnchenbrust mit Reis und Brokkoli (S. 106) und 1 Portion Kraut-Karotten-Salat mit Limetten-Kräuter-Dressing (S. 110)
Do	1 Portion Hähnchenbrust mit Reis und Brokkoli (S. 106) und 1 Portion Kraut-Karotten-Salat mit Limetten-Kräuter-Dressing (S. 110)	1 Portion (ca. 150 g) Schweinekoteletts mit Kräuter-Marinade (S. 114) und 1 Portion Gemischtes Kräutergemüse (S. 112) →

	Lunch to go	Abendessen
Fr	2 Brokkoli-Ei-Muffins (S. 108)	1 Portion (ca. 150 g) Schweinekoteletts mit Kräuter-Marinade (S. 114), gedünstetem Brokkoli (ca. 150 g aus der Zubereitung von S. 106) und 1 Portion Kraut-Karotten-Salat mit Limetten-Kräuter-Dressing (S. 110)

Bedarfsliste

- ☐ 3 Schweinekoteletts (insgesamt ca. 350 g)
- ☐ 4 Hähnchenbrustfilets (2 à ca. 125 g, 2 à ca. 150 g)
- ☐ 4 Eier
- ☐ 100 g Käse, z. B. Emmentaler (kalt aus dem Kühlschrank)
- ☐ 350 g Rotkohl
- ☐ 350 g Weißkohl
- ☐ 2 Karotten
- ☐ 300 g Zucchini
- ☐ 1 rote Paprikaschote
- ☐ 300 g Champignons
- ☐ 750 g Brokkoli
- ☐ 2 ½ Zwiebel
- ☐ 1 rote Zwiebel
- ☐ 3 Knoblauchzehen
- ☐ 7 Stängel + 1 Handvoll Petersilie
- ☐ 6 Stängel Oregano
- ☐ 1 Zweig Thymian
- ☐ 2 Stängel Schnittlauch
- ☐ 3 Limetten
- ☐ 1 EL Zitronensaft
- ☐ 150 g bunter Quinoa
- ☐ 150 g Reis (mit Garzeit ca. 20 Min.)
- ☐ 1 EL Kürbiskerne
- ☐ 1 EL Leinsamen (optional)
- ☐ 2 EL Gemüsebrühepulver
- ☐ 2 EL flüssiger Honig (oder Süßungsmittel nach Wahl)
- ☐ 17 EL Öl, z. B. Olivenöl
- ☐ 6 EL Essig, z. B. Balsamico weiß
- ☐ 3 EL Essig, z. B. Balsamico dunkel
- ☐ 1 EL körniger Senf
- ☐ 2 EL Sojasauce
- ☐ Salz, Pfeffer
- ☐ Chilipulver
- ☐ Paprikapulver edelsüß und rosenscharf
- ☐ ½ TL Kurkuma
- ☐ 1500 g Wasser

Die Rezepte der Woche

Hähnchenbrust mit Reis und Brokkoli

Für 2 Portionen
Pro Portion: 267 kcal / 21,9 g KH / 1,8 g F / 38 g P

150 g Reis (mit Garzeit ca. 20 Min.)*
500 g Brokkoli, davon ca. 250 g für die Brokkoli-Ei-Muffins (S. 108) und 150 g für das Abendessen am Freitag (Wochenplan 6, S. 103)
½ Limette
2 Hähnchenbrustfilets à ca. 150 g
Salz, grober Pfeffer aus der Mühle
Chilipulver
1000 g Wasser
1 EL Gemüsebrühepulver

1. Reis in den Gareinsatz geben, mit warmem Wasser abspülen und abtropfen lassen.**
2. Brokkoli waschen und in Röschen teilen, im Varoma verteilen.
3. Limette auspressen.
4. Hähnchenbrustfilets waschen, trocken tupfen, mit Limettensaft beträufeln und mit Salz, Pfeffer und Chilipulver würzen.
5. Backpapier auf die Größe des Varoma zuschneiden, mit Wasser anfeuchten, gut auswringen und in den Varoma-Einlegeboden geben. Die Hähnchenbrustfilets darauf legen.
6. Wasser und Gemüsebrühepulver in den Mixtopf geben.
7. Gareinsatz mit Reis einhängen.
8. Varoma aufsetzen und **25 Min. / Varoma / Stufe 2** kochen lassen.
9. Danach Reis, Brokkoli und Hähnchen (evtl. in Scheiben geschnitten) in 2 Aufbewahrungsbehälter füllen.

Tipps und Aufbewahrung

Im Kühlschrank 5–6 Tage haltbar.

Das Gericht wird diese Woche mit dem Kraut-Karottensalat (S. 110) kombiniert. Alternativ schmecken dazu auch diverse Saucen, wie z. B. die Tomatensauce (S. 46) oder der Kräuter-Schmand-Quark (S. 41).

*Die Garzeit variiert je nach Sorte. Bitte die Packungsangabe beachten!

**Um ein Überkochen des Wassers zu vermeiden, den Reis erst in den Gareinsatz einwiegen (z. B. auf den Mixtopfdeckel stellen) und dann unter fließendem Wasser gut abspülen; überflüssige Stärke wird dadurch abgewaschen.

Brokkoli-Ei-Muffins

Für 6 Stück / 3 Portionen (Muffinblech)
Pro Portion: 140 kcal / 2,5 g KH / 11 g F / 13,5 g P

100 g Käse, z. B. Emmentaler (kalt aus dem Kühlschrank)
2 Stängel Petersilie
1 Zwiebel
1 Knoblauchzehe
4 Eier
1 EL Leinsamen (optional)
Salz, Pfeffer
250 g Brokkoli, gedünstet (S. Hähnchenbrust mit Reis und Brokkoli, S. 106)

1. Backofen auf 180 °C Umluft vorheizen, 6 Mulden eines Muffinblechs fetten.
2. Käse in groben Stücken in den Mixtopf geben und **5 Sek. / Stufe 5** zerkleinern, in eine Schüssel umfüllen.
3. Petersilie waschen, trocken schütteln und kleiner zupfen. Zwiebel und Knoblauch abziehen und alles **5 Sek. / Stufe 5** hacken.
4. Eier, Leinsamen, Gewürze und nach Belieben Leinsamen in den Mixtopf hinzufügen und **20 Sek. / Linkslauf / Stufe 3** vermischen.
5. Brokkoli in kleine Stücke schneiden und zusammen mit den Käseraspeln in den Mixtopf geben. Alles **15 Sek. / Linkslauf / Stufe 2** vermischen.
6. In die Mulden des Muffinblechs einfüllen und im Ofen 15–20 Min. backen.

Tipps und Aufbewahrung

Im Kühlschrank 5–6 Tage haltbar. Die Muffins lassen sich beliebig variieren, z. B. mit anderem Gemüse wie Karotten, Paprika oder auch Schinkenwürfeln.

Quinoa mit Limetten-Hähnchen

Für 2 Portionen
Pro Portion: 421 kcal / 45,1 g KH / 7,5 g F / 40,2 g P

- 150 g bunter Quinoa
- ½ Limette
- 2 Hähnchenbrustfilets à ca. 125 g
- Salz, grober Pfeffer aus der Mühle
- 500 g Wasser
- 1 EL Gemüsebrühepulver
- ½ TL Kurkuma
- 1 TL Olivenöl

1. Quinoa mit warmem Wasser abspülen und abtropfen lassen.
2. Limette auspressen.
3. Hähnchenbrustfilets waschen, trocken tupfen, mit Limettensaft beträufeln und mit Salz und Pfeffer würzen.
4. Backpapier auf die Größe des Varoma zuschneiden, mit Wasser anfeuchten, gut auswringen und in den Varoma-Einlegeboden geben. Die Hähnchenbrustfilets darauf legen.
5. Wasser in den Mixtopf einwiegen, Gemüsebrühepulver, Kurkuma und Öl hinzufügen.
6. Quinoa in den Gareinsatz geben und diesen in den Mixtopf einsetzen.
7. Mitxtopfdeckel und dann Varoma aufsetzen und **20 Min. / Varoma / Stufe 2** kochen lassen.
8. Danach Quinoa und Hähnchen (evtl. in Scheiben geschnitten) in 2 Aufbewahrungsbehälter füllen.

Tipps und Aufbewahrung

Im Kühlschrank 5–6 Tage haltbar.
Das Gericht wird diese Woche mit dem Kraut-Karottensalat (S. 110) kombiniert. Alternativ schmecken dazu diverse Saucen, wie z. B. die Tomatensauce (S. 46) oder der Kräuter-Schmand-Quark (S. 41).

Kraut-Karotten-Salat mit Limetten-Kräuter-Dressing

Für 5 Portionen
Pro Portion: 194 kcal / 10,2 g KH / 13,7 g F / 4,1 g P

350 g Rotkohl
350 g Weißkohl
2 Karotten
5 Stängel Petersilie
2 Limetten
6 EL Öl, z. B. Olivenöl
6 EL Essig, z. B. Balsamico weiß
Salz, Pfeffer
1 EL flüssiger Honig (oder Süßungsmittel nach Wahl)
1 EL körniger Senf
1 EL Kürbiskerne

1. Rotkohl, Weißkohl und Karotten waschen. Karotten schälen, vom Kohl die äußeren Blätter entfernen und in dünne Streifen hobeln. (Man kann Kohl und Karotten auch in groben Stücken in den Mixtopf geben und **5 Sek. / Stufe 5** hacken. Dadurch wird der Salat eher grobstückig, wenn man ihn etwas länger zerkleinert, ist er fein gehackt).
2. Petersilie waschen, trocken schütteln und kleiner zupfen. Das Messer **5 Sek. / Stufe 6** laufen lassen und die Petersilie durch die Mixtopf-Öffnung einrieseln lassen und zerkleinern.
3. Limetten auspressen.
4. Limettensaft mit Öl, Essig, Salz, Pfeffer, Honig und Senf zur Petersilie in den Mixtopf geben und **10 Sek. / Stufe 5** verrühren. Danach über den Salat geben und gut vermischen.
5. Mit Kürbiskernen bestreuen und portionsweise in Aufbewahrungsbehälter verteilen.

Tipps und Aufbewahrung

Im Kühlschrank ist der Salat mindestens 1 Woche haltbar.
Ideal kombinierbar mit Quinoa mit Limetten-Hähnchen S. 109 (siehe Abb. S. 111).

Gemischtes Kräutergemüse aus dem Ofen

Für 2 Portionen
Pro Portion: 370 kcal / 17,2 g KH / 24,6 g F / 13,3 g P

- 3 Stängel Oregano
- 1 Zweig Thymian
- 1 Zwiebel
- 1 Knoblauchzehe
- 6 EL Öl, z. B. Olivenöl
- 1 EL Zitronensaft
- Salz, Pfeffer
- Paprikapulver edelsüß und rosenscharf (optional)
- Chilipulver
- 300 g Zucchini
- 250 g Brokkoli
- 1 rote Paprikaschote
- 1 rote Zwiebel
- 300 g Champignons

1. Oregano und Thymian waschen, trocken schütteln und kleiner zupfen. Das Messer **5 Sek. / Stufe 6** laufen lassen und die Kräuter durch die Mixtopf-Öffnung einrieseln lassen und zerkleinern.
2. Zwiebel und Knoblauchzehe abziehen, in den Mixtopf hinzufügen und **5 Sek. / Stufe 5** hacken.
3. Öl, Zitronensaft und Gewürze hinzufügen und **15 Sek. / Linkslauf / Stufe 4** vermischen.
4. Gemüse waschen und abtrocknen.
5. Zucchini und Brokkoli in Stücke schneiden.
6. Das Kerngehäuse der Paprikaschote entfernen und Paprika würfeln.
7. Zwiebel abziehen und in Streifen schneiden. Champignons putzen und vierteln.
8. Vorbereitetes Gemüse in eine Schüssel geben, das Kräuteröl darüber geben, gut durchmischen und ca. 15 Min. ziehen lassen.
9. Backofen auf 180 °C Umluft vorheizen.
10. Gemüse im Ofen ca. 40–45 Min. backen, mindestens einmal nach der Hälfte der Backzeit wenden.

Tipps und Aufbewahrung

Das Gemüse nach dem Auskühlen portionsweise abgepackt in den Kühlschrank geben. Gut gekühlt ist es 3–4 Tage haltbar.
Dazu planen wir für Wochenplan 6 Schweinekoteletts in Kräuter-Marinade (S. 165), die man direkt im Ofen mitbacken kann.

Schweinekoteletts mit Kräutermarinade

Im Wochenplan 6 sind 3 Schweinekoteletts (insgesamt 350 g) mit Kräuter-Marinade (S. 165) vorgesehen. Sie können die Koteletts in der Pfanne braten oder mit dem Gemischten Kräutergemüse (S. 112) in den Ofen schieben.

Wochenplan 7

Vorhaben und Voraussetzungen

- Sie bereiten für 6 Tage Frühstück und Abendessen zu.
- Diese Woche wird ein Gefrierfach benötigt.
- Mit der Bedarfsliste 1 bereiten Sie den Großteil der Zutaten für die Woche vor, z. B. trockene Zutaten und solche, die man in größeren Mengen kaufen und bis zum 2. Meal-Prep-Tag gut lagern kann. So muss am Mittwoch nur noch ein kleiner Einkauf erledigt werden.
- Die Rezepte dieser Woche sind vegetarisch.

	Frühstück	Abendessen
Sa	Planung für die Woche und Einkauf nach Bedarfsliste 1 (S. 117)	
So	Meal-Prep-Tag 1	
Mo	1 Portion Heidelbeer-Quarkcreme (S. 18)	1 Portion Tofu-Steaks mit Ofengemüse und Dip (S. 120)
Di	1 Portion Bananen-Pancakes (S. 118) mit 50 g Heidelbeeren	1 Portion Süßkartoffel-Blumenkohl-Curry (S. 122)
Mi	1 Portion Heidelbeer-Quarkcreme (S. 118) Einkauf nach Bedarfsliste 2 (S. 117) und Meal-Prep-Tag 2	1 Portion Tofu-Steaks mit Ofengemüse und Dip (S. 120)
Do	1 Portion Schoko-Chiapudding (S. 123) mit 50 g Himbeeren	1 Portion Blumenkohl-Tortillas (S. 124) mit 1 Portion Sourcream-Dip (S. 125)
Fr	1 Portion Schoko-Chiapudding (S. 123) mit 50 g Himbeeren	1 Portion Süßkartoffel-Blumenkohl-Curry (S. 122)
Sa	1 Portion Bananen-Pancakes (S. 119) mit 50 g Heidelbeeren	1 Portion Blumenkohl-Tortillas (S. 124) mit 1 Portion Sourcream-Dip (S. 125)

→

Am Meal-Prep-Tag 1 werden Heidelbeer-Quarkcreme, Bananen-Pancakes, Tofu-Steaks mit Ofengemüse und Süßkartoffel-Blumenkohl-Curry zubereitet. Davon frieren Sie 1 Portion Bananen-Pancakes und 1 Portion Süßkartoffel-Blumenkohl-Curry ein, die restlichen Mahlzeiten können bis zum Verzehr im Kühlschrank gelagert werden.
Am Meal-Prep-Tag 2 werden Schoko-Chiapudding, Blumenkohl-Tortillas und Sourcream-Dip zubereitet, die allesamt bis zum Verzehr im Kühlschrank gelagert werden können.

Bedarfsliste 1

- ☐ 400 g geräucherter Tofu
- ☐ 100 g Käse, z. B. Cheddar
- ☐ 380 ml Milch oder Mandelmilch
- ☐ 350 g Naturjoghurt
- ☐ 550 g Magerquark
- ☐ 80 g Schmand
- ☐ 50 g Crème fraîche
- ☐ 200 g Kokosmilch (light)
- ☐ 3 Eier
- ☐ 1 Süßkartoffel (ca. 400 g)
- ☐ ½ Zucchini (ca. 150 g)
- ☐ 150 g Champignons
- ☐ 250 g Tomaten
- ☐ 2 Karotten
- ☐ 300 g Blumenkohl
- ☐ 2 Zwiebeln
- ☐ 150 g Heidelbeeren
- ☐ 2 reife Bananen
- ☐ 100 g Mehl
- ☐ ½ Päckchen Backpulver
- ☐ 60 g Chiasamen
- ☐ 1 TL Leinsamen
- ☐ 2 EL + 50 g Tomatenmark
- ☐ 1 EL milde Currypaste
- ☐ 2 TL Erdnussbutter
- ☐ 1 TL Gemüsebrühepulver
- ☐ 5 EL Öl, z .B. Sonnenblumenöl oder Olivenöl
- ☐ ½ EL Essig, z. B. Balsamico weiß
- ☐ 1 EL + 4 TL Honig (oder Agavendicksaft bzw. Süßungsmittel nach Wahl)
- ☐ 1 Prise Zucker (oder Süßungsmittel nach Wahl)
- ☐ 3 EL Kakaopulver
- ☐ 1 Prise Vanillepulver
- ☐ Zimt (optional)
- ☐ Salz, Pfeffer
- ☐ Paprikapulver edelsüß und rosenscharf
- ☐ gemahlene Muskatnuss
- ☐ Currypulver
- ☐ 400 g Wasser

Bedarfsliste 2

- ☐ 100 g Himbeeren
- ☐ 1 Blumenkohl
- ☐ 5 Stängel Petersilie
- ☐ 2 EL Schnittlauchröllchen

Die Rezepte der Woche

Heidelbeer-Quarkcreme

Für 2 Portionen
Pro Portion: 209 kcal / 20,7 g KH / 2,6 g F / 24,1 g P

100 g Heidelbeeren
2 TL Honig (oder Agavendicksaft bzw. Süßungsmittel nach Wahl)
300 g Magerquark
200 g Naturjoghurt
1 TL Leinsamen
1 Prise Vanillepulver
1 Prise Zimt (optional)

1. Heidelbeeren waschen und abtrocknen.
2. Restliche Zutaten in den Mixtopf geben und **10 Sek. / Stufe 4** vermischen.
3. Die Hälfte der Heidelbeeren zur Quarkmasse hinzufügen und **10 Sek. / Linkslauf / Stufe 0,5** einrühren.
4. Auf 2 Portionen (z. B. in Einmachgläser) verteilen und mit den restlichen Heidelbeeren garnieren.

Tipps und Aufbewahrung

Im Kühlschrank ist die Creme 3 Tage haltbar. Alternativ lässt sie sich auch gut mit anderen Obstsorten variieren, z. B. Himbeeren oder Erdbeeren.

Bananen-Pancakes

Für 2 Portionen
Pro Portion: 437 kcal / 60,1 g KH / 12,9 g F / 17,7 g P

- 1 reife Banane
- 2 Eier
- 1 Prise Vanillepulver
- 1 Prise Salz
- 150 g Naturjoghurt
- 80 g Milch
- 100 g Mehl
- ½ Päckchen Backpulver
- 1-2 TL Öl, z. B. Sonnenblumenöl

1. Banane in groben Stücken in den Mixtopf geben und **5 Sek. / Stufe 6** zerkleinern. Mit dem Spatel nach unten schieben.
2. Eier, Vanillepulver, Salz, Joghurt und Milch hinzufügen, Rühraufsatz (Schmetterling) einsetzen und **2 Min. / Stufe 3** verquirlen.
3. Rühraufsatz (Schmetterling) herausnehmen, Mehl und Backpulver einfüllen und **2 Min. / Stufe 4** verrühren.
4. 1 TL Öl in einer Pfanne erhitzen. Nach und nach die Pancakes auf mittlerer Hitze herausbacken.

Tipps und Aufbewahrung

Die Pancakes sind im Kühlschrank 3–4 Tage haltbar.
Zum Einfrieren am besten Frischhaltefolie zwischen die Pancakes legen, damit Sie diese gut einzeln entnehmen können.
Dazu schmecken frische Früchte, wie z. B. Heidelbeeren oder Ahornsirup.

Tofu-Steaks mit Ofengemüse und Dip

Für 2 Portionen
Pro Portion: 643 kcal / 36,7 g KH / 33,9 g F / 43,6 g P

- 1 EL Honig
- 2 EL Olivenöl
- Salz, Pfeffer
- ½ TL Paprikapulver edelsüß
- 400 g Tofu geräuchert
- ½ Süßkartoffel (ca. 200 g)
- ½ Zucchini (ca. 150 g)
- 150 g Champignons
- 250 g Tomaten
- 50 g Tomatenmark
- Paprikapulver rosenscharf

1. Backofen auf 180 °C Umluft vorheizen, eine Auflaufform einfetten.
2. Honig, 1 EL Öl, Salz, Pfeffer und Paprikapulver (edelsüß) in einer kleinen Schüssel vermengen und den Tofu damit bestreichen.
3. Süßkartoffel und Zucchini waschen, Süßkartoffel schälen, beides würfeln.
4. Champignons putzen und in Scheiben schneiden.
5. Gemüse in eine Schüssel geben, mit 1 EL Öl, Salz und Pfeffer vermengen.
6. Tofu und Gemüse in die Auflaufform geben und für 20–25 Min. im Ofen backen, evtl. einmal wenden.
7. Währenddessen den Dip zubereiten: Tomaten waschen, Strunk entfernen, halbieren und in den Mixtopf geben.
8. Tomatenmark, Salz, Pfeffer und Paprikapulver (rosenscharf) hinzufügen. Alles **15 Sek. / Stufe 5** pürieren und nochmals abschmecken.
9. Gebackene Tofu-Steaks mit Gemüse und Dip in 2 Aufbewahrungsbehälter geben.

Tipps und Aufbewahrung

Im Kühlschrank ist das Gericht 3–4 Tage haltbar.

Süßkartoffel-Blumenkohl-Curry

Für 2 Portionen
Pro Portion: 340 kcal / 37,5 g KH / 14,4 g F / 9,9 g P

½ Süßkartoffel (ca. 200 g)
2 Karotten
300 g Blumenkohl
½ Zwiebel
1 EL Öl z. B. Sonnenblumenöl
2 EL Tomatenmark
200 g Kokosmilch (light)
400 g Wasser
1 TL Gemüsebrühepulver
1 EL milde Currypaste
2 TL Erdnussbutter
Salz, Pfeffer
1 TL Currypulver

1. Süßkartoffel und Karotten waschen, schälen und würfeln. Blumenkohl waschen, trocken tupfen und in Röschen teilen. Süßkartoffel-, Karotten- und Blumenkohlstücke auf Varoma und Varoma-Einlegeboden verteilen.
2. Zwiebel abziehen, in den Mixtopf hinzufügen und **5 Sek. / Stufe 5** hacken.
3. Öl und Tomatenmark hinzufügen und **2 Min. / Varoma / Stufe 1** andünsten.
4. Kokosmilch, Wasser, Gemüsebrühepulver, Currypaste, Erdnussbutter und Gewürze hinzufügen. Mixtopfdeckel schließen, Varoma aufsetzen und **25 Min. / Varoma / Stufe 2** köcheln lassen.
5. Varoma abnehmen, Gemüsestücke in den Mixtopf geben und **5 Min. / Linkslauf / 100 °C / Stufe 1** fertig garen.

Tipps und Aufbewahrung

Im Kühlschrank ist das Curry 3–4 Tage haltbar. Mit frischen Kräutern, z. B. Koriander, bestreuen.

Schoko-Chiapudding

Für 2 Portionen
Pro Portion: 345 kcal / 29,5 g KH / 14,2 g F / 13,3 g P

- 1 reife Banane
- 300 g Milch oder Mandelmilch
- 1 Prise Vanillepulver
- 3 EL Kakaopulver
- 2 TL Honig (oder Agavendicksaft bzw. Süßungsmittel nach Wahl)
- 60 g Chiasamen

1. Banane in groben Stücken in den Mixtopf geben und **5 Sek. / Stufe 6** zerkleinern. Mit dem Spatel nach unten schieben.
2. Milch, Vanillepulver, Kakao und Honig in den Mixtopf hinzufügen und **15 Sek. / Stufe 5** vermischen.
3. Chiasamen einfüllen und **10 Sek. / Linkslauf / Stufe 2** einrühren.
4. In 2 Portionen aufteilen und verschlossen in den Kühlschrank stellen. Mindestens 4 Stunden quellen lassen, am besten über Nacht. Zwischendurch einmal mit einem Löffel durchrühren.

Tipps und Aufbewahrung

Der Pudding hält sich im Kühlschrank 2–3 Tage.
Mit Früchten, z. B. Himbeeren und Nüssen toppen.

Blumenkohl-Tortillas

Für 2 Portionen
Pro Portion: 372 kcal / 13,4 g KH / 20,1 g F / 26,8 g P

- 100 g Käse, z. B. Cheddar (direkt aus dem Kühlschrank)
- 1 Blumenkohl
- 5 Stängel Petersilie
- 1 Zwiebel
- 1 Ei
- Salz, Pfeffer
- gemahlene Muskatnuss

1. Backofen auf 180 °C Umluft vorheizen, ein Backblech mit Backpapier auslegen.
2. Käse in den Mixtopf geben und **5 Sek. / Stufe 5** grob hacken und in eine Schüssel umfüllen.
3. Blumenkohl waschen, trocken tupfen, in grobe Stücke teilen und in den Mixtopf geben. **5 Sek. / Stufe 5** zu Reiskorngröße hacken. Vorgang pulsartig solange wiederholen, bis die gewünschte Konsistenz erreicht wird. In eine Schüssel umfüllen.
4. Petersilie waschen, trocken schütteln und kleiner zupfen. Zwiebel abziehen und halbieren. Das Messer **5 Sek. / Stufe 5** laufen lassen und die Petersilie und Zwiebel durch die Mixtopf-Öffnung einrieseln lassen und zerkleinern.
5. Blumenkohl- und Käseraspel, Ei und Gewürze **20 Sek. / Linkslauf / Stufe 2** vermischen.
6. Aus der Blumenkohlmasse ca. 10–12 cm breite und 1 cm dicke Tortillas formen und auf das vorbereitete Backblech geben.
7. In den Ofen schieben und 15–20 Min. backen, währenddessen mindestens einmal wenden.

Tipps und Aufbewahrung

Im Kühlschrank halten sich die Tortillas 4–5 Tage. Man kann sie auch mit Fleisch oder Gemüse füllen.

Sourcream-Dip

Für 2 Portionen
Pro Portion: 263 kcal / 8,6 g KH / 17,4 g F / 17 g P

250 g Magerquark
80 g Schmand
50 g Crème fraîche
½ Zwiebel
½ EL Essig, z. B. Balsamico weiß
1 Prise Zucker (oder Süßungsmittel nach Wahl)
Salz, Pfeffer
2 EL Schnittlauchröllchen

1. Alle Zutaten bis auf die Schnittlauchröllchen in den Mixtopf geben und **10 Sek. / Stufe 3** verrühren.
2. Schnittlauchröllchen hinzufügen und **10 Sek. / Linkslauf / Stufe 2** untermischen.

Tipps und Aufbewahrung

Im Kühlschrank hält sich die Sourcream 4–5 Tage.
Sie lässt sich auch prima als Dip für Gemüsesticks oder zu Ofenkartoffeln kombinieren.

Wochenplan 8

Vorhaben und Voraussetzungen

- Sie bereiten für 5 Tage Lunch to go für die Arbeit und süße Snacks vor.
- Das Gefrierfach wird nicht benötigt.
- Alle Gerichte werden an einem Meal-Prep-Tag vorbereitet.

	Lunch to go	Snacks
Sa	Planung für die Woche und Einkauf nach Bedarfsliste (S. 128)	
So	Meal-Prep-Tag	
Mo	1 Portion Zucchinisuppe (S. 129) und 2 Kartoffel-Schinken-Muffins (S. 131)	3 Energiebällchen mit Kokos (S. 133)
Di	1 Portion Tomatensuppe (S. 130) und 2 Kartoffel-Hähnchen-Muffins (S. 131)	3 Energiebällchen mit Haselnuss (S. 133)
Mi	1 Portion Zucchinisuppe (S. 129) und 2 Kartoffel-Schinken-Muffins (S. 131)	3 Energiebällchen mit Kakao (S. 133)
Do	1 Portion Tomatensuppe (S. 130) und 2 Kartoffel-Hähnchen-Muffins (S. 131)	3 Energiebällchen mit Kokos (S. 133)
Fr	1 Portion Zucchinisuppe (S. 129) und 2 Kartoffel-Schinken-Muffins (S. 131)	3 Energiebällchen mit Haselnuss (S. 133)

Bedarfsliste

- ☐ 50 g Hähnchenbrust-Aufschnitt
- ☐ 60 g Schinken
- ☐ 150 g Käse, z. B. Emmentaler
- ☐ 2 EL Butter
- ☐ 3 Eier
- ☐ 500 g Zucchini
- ☐ 1300 g Kartoffeln (mehligkochend)
- ☐ 1 Dose stückige Tomaten (ca. 400 g)
- ☐ 1 Knoblauchzehe
- ☐ 3 Zwiebel
- ☐ 1 Stängel Petersilie
- ☐ ½ Bund frische Kräuter, z. B. Schnittlauch, Dill, Petersilie
- ☐ 80 g Datteln, getrocknet
- ☐ 30 g Cranberrys, getrocknet
- ☐ 3-4 EL Zitronensaft
- ☐ 50 g Haferflocken
- ☐ 80 g Haselnüsse
- ☐ 2 EL Kokosflocken
- ☐ 2 EL Kakaopulver
- ☐ 2 EL Tomatenmark
- ☐ 2 EL Gemüsebrühepulver
- ☐ ½ TL Basilikum, getrocknet
- ☐ ½ TL Oregano, getrocknet
- ☐ Salz, Kräutersalz
- ☐ Pfeffer
- ☐ gemahlene Muskatnuss
- ☐ Paprikapulver edelsüß
- ☐ ½ TL Zucker (oder Süßungsmittel nach Wahl)
- ☐ 700 g Wasser

Die Rezepte der Woche

Zucchinisuppe

Für 3 Portionen
Pro Portion: 116 kcal / 20,7 g KH / 0,8 g F / 5 g P

- 1 Stängel Petersilie
- 1 Zwiebel
- 1 EL Butter
- 500 g Zucchini
- 300 g mehligkochende Kartoffeln
- 400 g Wasser
- 1 EL Gemüsebrühepulver
- Kräutersalz, Pfeffer, gemahlene Muskatnuss

1. Petersilie waschen, trocken schütteln und kleiner zupfen. Zwiebel abziehen und halbieren. Das Messer **5 Sek. / Stufe 6** laufen lassen. währenddessen Petersilie und Zwiebel durch die Mixtopf-Öffnung einrieseln lassen und zerkleinern.
2. Butter hinzufügen und **2 Min. / Varoma / Stufe 1** dünsten.
3. Kartoffeln und Zucchini waschen, die Kartoffeln schälen und beides in grobe Stücke schneiden. In den Mixtopf hinzufügen und **3 Min. / Varoma / Stufe 2** mitdünsten.
4. Wasser einwiegen und Gemüsebrühe-Pulver hinzufügen, **15 Min. / 100 °C / Stufe 3** mit aufgesetztem Messbecher köcheln lassen.
5. Danach für **10 Sek. / Stufe 3–8** schrittweise ansteigend pürieren und mit den Gewürzen abschmecken.

Tipps und Aufbewahrung

Noch heiß in 2 Einmachgläser abfüllen und verschließen. Nach dem vollständigen Auskühlen in den Kühlschrank stellen. Die Zucchinisuppe hält sich so abgefüllt im Kühlschrank ca. 1 Woche.

Tomatensuppe

Für 2 Portionen
Pro Portion: 115 kcal / 12,2 g KH / 5,6 g F / 3 g P

1 Zwiebel
1 Knoblauchzehe
1 EL Butter
1 Dose stückige Tomaten (ca. 400 g)
300 g Wasser
1 EL Gemüsebrühepulver
2 EL Tomatenmark
½ TL Zucker (oder Süßungsmittel nach Wahl)
½ TL Basilikum, getrocknet
½ TL Oregano, getrocknet
Salz, Pfeffer

1. Zwiebel und Knoblauch abziehen, Zwiebel halbieren, in den Mixtopf geben und **5 Sek. / Stufe 5** zerkleinern.
2. Butter hinzufügen und **2 Min. / Varoma / Stufe 2** andünsten.
3. Restliche Zutaten hinzufügen und **10 Min. / 100 °C / Stufe 2** köcheln lassen.
4. Nach 10 Min. Kochzeit die Suppe **30 Sek. / Stufe 4–7** schrittweise ansteigend pürieren (je nach gewünschter Konsistenz). Nochmals mit Salz und Pfeffer abschmecken.

Tipps und Aufbewahrung

Noch heiß in zwei Einmachgläser abfüllen und verschließen. Nach dem vollständigen Auskühlen in den Kühlschrank stellen. Die Tomatensuppe hält sich so abgefüllt im Kühlschrank ca. 1 Woche.

Kartoffelmuffins

Für 10 Stück (Muffinblech)
Pro Stück: 172 kcal / 16,4 g KH / 6,5 g F / 10,6 g P

150 g Käse, z. B. Emmentaler
½ Bund frische Kräuter, z. B. Schnittlauch, Dill, Petersilie
1 Zwiebel
1000 g mehligkochende Kartoffeln
3 Eier
Salz, Pfeffer
Paprikapulver edelsüß
Kräutersalz
50 g Hähnchenbrust-Aufschnitt
60 g Schinken

1. Backofen auf 180 °C Umluft vorheizen, 10 Vertiefungen eines Muffinblechs einfetten.
2. Käse in groben Stücken in den Mixtopf geben, **5 Sek. / Stufe 5** zerkleinern. In eine Schüssel umfüllen.
3. Kräuter waschen, trocken schütteln und kleiner zupfen. Zwiebel abziehen und halbieren. Das **Messer 5 Sek. / Stufe 6** laufen lassen, währenddessen Kräuter und Zwiebel durch die Mixtopf-Öffnung einrieseln lassen und zerkleinern.

→

4. Kartoffeln waschen, schälen, vierteln, in den Mixtopf hinzufügen und **15 Sek. / Stufe 4** zerkleinern.
5. Eier, 100 g Käse und Gewürze hinzufügen und **10 Sek. / Linkslauf / Stufe 2** vermischen.
6. Hähnchenbrust-Aufschnitt und Schinken in kleine Würfel schneiden.
7. Etwas weniger als die Hälfte des Teiges entnehmen und mit den Hähnchenbrustwürfeln mischen. Danach in 4 Vertiefungen des Muffinblechs geben.
8. Schinkenstücke in den Mixtopf geben und **10 Sek. / Linkslauf / Stufe 2** unterheben. Den Schinken-Teig in 6 Vertiefungen des Muffinblechs füllen.
9. Alle Muffins mit dem restlichen Käse bestreuen und im Ofen 25–30 Min. backen.

Tipps und Aufbewahrung

Nach dem vollständigen Auskühlen in einen Aufbewahrungsbehälter geben. Im Kühlschrank halten sich die Muffins bis zu einer Woche.

Energiebällchen

Für 15 Stück
Pro Stück: 82 kcal / 7,9 g KH / 4,7 g F / 1,6 g P

- 80 g Haselnüsse
- 80 g Datteln, getrocknet
- 30 g Cranberrys, getrocknet
- 50 g Haferflocken
- 3-4 EL Zitronensaft
- 2 EL Kokosflocken
- 2 EL Kakaopulver

1. Haselnüsse in den Mixtopf geben und **5 Sek. / Stufe 5** zerkleinern, evtl. Vorgang noch mal wiederholen, bis die Haselnüsse klein gehackt sind. 2 EL davon in eine Schüssel geben.
2. Restliche Haselnüsse im Mixtopf belassen, Datteln, Cranberrys, Haferflocken und Zitronensaft hinzufügen.
3. **5–10 Sek. / Stufe 5** zu einer stückigen (nicht pürierten!) Masse zerkleinern. Danach zu 15 Kugeln rollen.
4. Für den Wochenplan 8 (S. 127) werden 6 Kugeln in Haselnuss-Stückchen, 6 Kugeln in Kokosflocken und die restlichen 3 in Kakaopulver gewälzt.
5. Danach mindestens 30 Min. im Kühlschrank kühlen.

Tipps und Aufbewahrung

In einen Aufbewahrungsbehälter umfüllen und in den Kühlschrank stellen. So sind die Energiebällchen mindestens 1 Woche haltbar.

Wochenplan 9

Vorhaben und Voraussetzungen

- Sie bereiten für 5 Tage Frühstück und Abendessen vor.
- Diese Woche wird ein Gefrierfach benötigt.
- Alle Gerichte werden an einem Meal-Prep-Tag vorbereitet.

	Frühstück	Abendessen
Sa	Planung für die Woche und Einkauf nach Bedarfsliste (S. 137)	
So	Meal-Prep-Tag	
Mo	1 Körnerbrot-Muffin (S. 138) mit 2 TL Butter und 1 Portion Erdbeer-Chia-Marmelade (S. 141)	1 ½ Puten-Pesto-Röllchen (S. 143) mit 1 Portion Kartoffelpüree (S. 144) und 1 Portion Tomatensauce (S. 46)
Di	1 Körnerbrot-Muffin (S.138) mit 50 g gekochten Schinken und 1 Tomate	2 Wraps (S. 139) gefüllt mit 1 ½ Puten-Pesto-Röllchen (S. 143), Eisbergsalat und Paprika
Mi	1 Körnerbrot-Muffin (S. 138) mit 2 TL Butter und 1 Portion Erdbeer-Chia-Marmelade (S. 141)	2 Wraps (S. 139), gefüllt mit 1 Portion Basilikum-Pesto (S. 142), Salatblättern, Schinken, Käse und Tomate
Do	1 Körnerbrot-Muffin (S. 138) mit 50 g gekochtem Schinken und 1 Tomate	1 Portion Gnocchi (S. 145) mit 1 Portion Tomatensauce (S. 46)
Fr	1 Körnerbrot-Muffin (S. 138) mit 2 TL Butter und 1 Portion Erdbeer-Chia-Marmelade (S. 141)	1 Portion Gnocchi (S. 145) mit 1–2 Portionen Basilikum-Pesto (S. 142)

→

In dieser Woche werden 4 Portionen Basilikumpesto benötigt. Der Rest lässt sich gut aufheben und in der folgenden Woche noch verbrauchen. Für das Frühstück werden 5 Körnerbrot-Muffins verbraucht, die restlichen 5 kann man im Laufe der Woche als Zwischensnack oder zum Mittagessen verwenden.

Nur die Gnocchi werden eingefroren, alle anderen Gerichte kann man bis zum Verzehr im Kühlschrank lagern.

Bedarfsliste

- ☐ 3 Putenschnitzel (insgesamt ca. 300 g)
- ☐ 100 g + 2 Scheiben gekochter Schinken
- ☐ 1 Scheibe Käse, z. B. Emmentaler
- ☐ 80 g Parmesan
- ☐ 50 ml Milch
- ☐ 1 EL + 6 TL Butter
- ☐ 1 Ei
- ☐ 1 Handvoll Eisbergsalat + 2 Blätter
- ☐ 1 rote Paprikaschote
- ☐ ½ Dose gehackte Tomaten (ca. 200 g)
- ☐ 1 Karotte
- ☐ 3 Tomaten
- ☐ 600 g mehligkochende Kartoffeln
- ☐ 1 Schalotte oder ½ Zwiebel
- ☐ 3 Knoblauchzehen
- ☐ 50 g Basilikum
- ☐ 1 EL gehackte Kräuter, z. B. Petersilie, Oregano, Schnittlauch etc.)
- ☐ 150 g Erdbeeren
- ☐ 1 EL Zitronensaft
- ☐ 300 g Weizenmehl
- ☐ 250 g Dinkelmehl
- ☐ 100 g Roggenmehl
- ☐ 150 g Kartoffelmehl oder Mehl + 2 EL
- ☐ Mehl zum Ausrollen
- ☐ 1 TL Backpulver
- ☐ 4 EL Chiasamen
- ☐ 40 g Pinienkerne
- ☐ 6 EL Kerne und Saaten, z. B. Sonnenblumenkerne, Chiasamen, Kürbiskerne, Mohn
- ☐ 1 EL Tomatenmark
- ☐ 1 Würfel Hefe (ca. 42 g)
- ☐ ½ TL Gemüsebrühepulver
- ☐ 1 EL Honig (oder Süßungsmittel nach Wahl)
- ☐ 1 Prise Vanillepulver
- ☐ 4 EL + 80 g Öl, z. B. Olivenöl
- ☐ 2 TL Essig, z. B. Balsamico weiß
- ☐ Zucker (oder Süßungsmittel nach Wahl)
- ☐ Salz, Pfeffer
- ☐ Paprikapulver edelsüß und rosenscharf
- ☐ Chilipulver
- ☐ 1 Prise Kurkuma
- ☐ gemahlene Muskatnuss
- ☐ 2500 g Wasser

Die Rezepte der Woche

Körnerbrot-Muffins

Für 10 Stück (Muffinblech)
Pro Stück: 216 kcal / 34,8 g KH / 4,3 g F / 6,8 g P

1 Karotte
300 g Weizenmehl
50 g Dinkelmehl
100 g Roggenmehl
1 Würfel Hefe (ca. 42 g)
1 Prise Zucker
1 EL Salz
250 g lauwarmes Wasser
2 EL Öl, z. B. Olivenöl
6 EL Kerne und Saaten, z. B. Sonnenblumenkerne, Chiasamen, Kürbiskerne, Mohn

1. Backofen auf 180 °C Umluft vorheizen, Muffinblech einfetten.
2. Karotte waschen, schälen und in grobe Stücke schneiden. In den Mixtopf geben und **5 Sek. / Stufe 5** hacken. In eine Schüssel umfüllen. Mixtopf säubern.
3. Beide Mehlsorten, Hefe, Zucker, Salz, Wasser, Öl, Karottenraspel mit 4 EL der Kerne und Saaten in den Mixtopf geben. **2 Min. / Knetmodus** verkneten.
4. 10 Kugeln aus dem Teig formen und jeweils in eine Mulde des Muffinblechs geben. Mit einem Küchentuch abgedeckt 15 Min. ruhen lassen.
5. Restliche Kerne und Saaten darauf verteilen, leicht andrücken, in den Backofen schieben und 20–25 Min. backen.

Tipps und Aufbewahrung

Muffins vollständig auskühlen lassen. Im Brotkorb sind sie mindestens 1 Woche haltbar, man kann sie aber auch sehr gut portionsweise einfrieren.

Wraps

Für 4 Stück
Pro Stück: 206 kcal / 35,7 g KH / 4,1 g F / 5,8 g P

200 g Dinkelmehl	180 g Wasser
1 TL Salz	1 EL Olivenöl
1 TL Backpulver	extra Mehl zum Ausrollen

1. Alle Zutaten in den Mixtopf geben und **1 Min. / Teigmodus** kneten.
2. Mit Frischhaltfolie einwickeln und 15 Min. im Kühlschrank ruhen lassen.
3. Die Arbeitsfläche mit Mehl bestäuben, den Teig entnehmen und in etwa 4 Teile aufteilen. Jeweils zu einer Kugel formen und danach mit einem Nudelholz dünn ausrollen.
4. In einer Pfanne (ohne Öl) jeweils von beiden Seiten anbraten, bis sich kleine Bläschen bilden. Damit die Wraps nicht hart werden, direkt nach dem Anbraten auf ein feuchtes Küchentuch legen.

Für Dienstagabend (Wochenplan 9, S. 135) 1 Portion (1 ½ Stück) Puten-Pesto-Röllchen (S. 143) und 1 rote Paprika in kleine Streifen schneiden. Mit 1 Handvoll Eisbergsalat in 2 Wraps füllen.
Für Mittwochabend 2 Wraps mit jeweils mit ½ Portion Basilikum-Pesto (S. 142) bestreichen. 2 Eisbergsalatblätter, 2 Scheiben gekochten Schinken, 1 Scheibe Käse und 1 Tomate in Würfel schneiden. Die Wraps damit belegen und aufrollen.

Tipps und Aufbewahrung

Die Wraps können nach Belieben mit Salat, Gemüse, Frischkäse, Lauchzwiebeln, Hackfleisch, Hähnchenfleisch und vielen anderen Zutaten gefüllt werden.
Im Kühlschrank sind sie 3–4 Tage haltbar. Am besten Wraps und Füllung separat aufbewahren und erst kurz vor Verzehr belegen.
Falls man die Wraps einfrieren möchte, Frischhaltefolie dazwischen legen.

Erdbeer-Chia-Marmelade

Für 3 Portionen
Pro Portion: 87 kcal / 5,7 g KH / 4,5 g F / 3,3 g P

150 g Erdbeeren
1 EL Zitronensaft
1 Prise Vanillepulver
1 EL Honig (oder Süßungsmittel nach Wahl)
4 EL Chiasamen

1. Erdbeeren waschen und abtrocknen, zusammen mit Zitronensaft, Vanillepulver und Honig in den Mixtopf geben und **5 Min. / 100 °C / Stufe 4** aufkochen lassen.
2. Chiasamen hinzufügen und **15 Sek. / Stufe 2** einrühren.
3. Noch heiß in ein verschließbares Einmachglas umfüllen.

Tipps und Aufbewahrung

Nach dem vollständigen Abkühlen in den Kühlschrank stellen.
Die Erdbeer-Chia-Marmelade kann auch ohne Erhitzen zubereitet werden. Durch das Aufkochen ist sie aber im Kühlschrank bis zu einer Woche haltbar.

Basilikum-Pesto

Für 10 Portionen
Pro Portion: 128 kcal / 1,6 g KH / 11,8 g F / 3,6 g P

- 2 Knoblauchzehen
- 50 g Basilikum
- 80 g Parmesan
- 40 g Pinienkerne (evtl. angeröstet in einer Pfanne ohne Öl)
- ½ TL Salz
- 1 Prise Pfeffer
- 1 Prise Zucker
- 80 g Öl z. B. Olivenöl
- 2 TL Essig, z. B. Balsamico weiß

1. Knoblauch abziehen und im Mixtopf **5 Sek. / Stufe 5** zerkleinern.
2. Basilikumblätter abzupfen, waschen, verlesen und abtropfen lassen.
3. Parmesan in groben Stücken, Basilikumblätter, Pinienkerne, Salz, Pfeffer und Zucker in den Mixtopf hinzufügen und **10 Sek. / Stufe 6** zerkleinern.
4. Mit Spatel nach unten schieben und Mixtopfdeckel wieder aufsetzen. **Stufe 2 ohne Zeiteinstellung** einstellen und erst das Öl und dann den Essig langsam durch die Mixtopföffnung einfließen lassen.
5. Je nach gewünschter Konsistenz aufsteigend von **Stufe 2–7** pürieren.

Tipps und Aufbewahrung

Pesto in ein Schraubglas abfüllen, im Kühlschrank lagern und innerhalb 1 Woche verbrauchen.
Bei größeren Mengen: Pesto im Schraubglas mit einer ca. 5 mm hohen Schicht Öl (z. B. Olivenöl) bedecken. Auf diese Weise hält es sich im Kühlschrank ca. 3–4 Wochen. Dabei immer darauf achten, das Pesto mit sauberem Besteck aus dem Glas zu nehmen. Die Ölschicht sollte intakt bleiben und stets nachgefüllt werden.

Puten-Pesto-Röllchen

Für 2 Portionen (3 Stück)
Pro Portion: 329 kcal / 1,6 g KH / 17,8 g F / 39,8 g P

3 Putenschnitzel (insgesamt ca. 300 g)
Salz, Pfeffer
3 Portionen Basilikum-Pesto (S. 142)
600 g Wasser
1 Prise Salz

1. Putenschnitzel abwaschen, trocken tupfen und flach klopfen, mit Salz und Pfeffer würzen.
2. Jeweils 1 Portion Basilikum-Pesto auf einer Seite aufstreichen und die Putenschnitzel einrollen. Mit einem Holzspieß zusammenstecken oder mit Küchengarn umwickeln, damit die Röllchen nicht wieder aufgehen.
3. Putenröllchen in den Varoma einlegen. Nach Belieben können sie vorher auch noch kurz rundherum in einer Pfanne angebraten werden, um ihnen Röstaroma zu verleihen.
4. Wasser und Salz in den Mixtopf geben, Varoma aufsetzen und ca. **30 Min. / Varoma / Stufe 1** durchgaren.

Tipps und Aufbewahrung

Für Wochenplan 9 (S. 135) kann das Garen der Puten-Pesto-Röllchen mit dem Garen der Kartoffeln für Kartoffelpüree (S. 144) und Gnocchi (S. 145) kombiniert werden. Dazu die Kartoffeln in den Mixtopf geben und wie auf S. 144 beschrieben vorgehen. Während die Puten-Pesto-Röllchen im Varoma zubereitet werden, kochen die Kartoffeln im Mixtopf.
Dazu schmeckt z. B. Tomatensauce (S. 46) oder Sourcream-Dip (S. 125).
Im Kühlschrank sind die Puten-Pesto-Röllchen 4–5 Tage haltbar.

Kartoffelpüree und Gnocchi

Kartoffeln kochen für 1 Portion Kartoffelpüree und 2 Portionen Gnocchi

600 g mehligkochende Kartoffeln
600 g Wasser
1 Prise Salz

1. Kartoffeln waschen, schälen, in grobe Stücke schneiden und in den Gareinsatz geben.
2. Wasser und Salz in den Mixtopf einwiegen, Gareinsatz einsetzen und Mixtopfdeckel verschließen. Bei Bedarf Varoma aufsetzen, um die Puten-Pesto-Röllchen (S. 143) gleichzeitig zuzubereiten. **30 Min. / Varoma / Stufe 1** garen.
3. Wasser abgießen. Zwei Drittel der Kartoffeln in eine Schüssel umfüllen und für die Gnocchi etwas abkühlen lassen. Den Rest zu Kartoffelpüree verarbeiten.

Kartoffelpüree

Für 1 Portion
Pro Portion: 317 kcal / 32,6 g KH / 17,4 g F / 4,3 g P

50 ml Milch
1 EL Butter
Salz
gemahlene Muskatnuss
1/3 der frisch gekochten Kartoffeln (ca. 200 g)

1. Rühraufsatz (Schmetterling) in den Mixtopf einsetzen.
2. Milch, Butter, Salz und Muskatnuss zusammen mit den gekochten Kartoffeln in den Mixtopf füllen und **10 Sek. / Stufe 3** zu Püree rühren.

Tipps und Aufbewahrung

Vollständig abkühlen lassen und in einen Aufbewahrungsbehälter umfüllen. Im Kühlschrank ist das Kartoffelpüree 3–4 Tage haltbar. Dazu schmeckt die Tomatensauce (S. 46).

Gnocchi

Für 2 Portionen
Pro Portion: 434 kcal / 92,6 g KH / 2,6 g F / 6,2 g P

- 2/3 der gekochten Kartoffeln (S.144), ca. 400 g
- 150 g Kartoffelmehl oder Mehl + 2 EL zum Bestäuben der Arbeitsfläche
- 1 Ei
- 1 TL Salz
- 1 Prise gemahlene Muskatnuss
- 1 Prise Kurkuma
- 500 g Wasser
- 1 Prise Salz

1. Kartoffeln, Kartoffelmehl, Ei und Gewürze in den Mixtopf geben und **20 Sek. / Stufe 3** vermengen. Falls der Teig noch zu klebrig ist, etwas Mehl hinzufügen
2. Die Arbeitsfläche mit Mehl bestäuben und aus dem Teig etwa daumendicke Rollen formen. Davon etwa 2,5 cm lange Stücke abschneiden, an beiden Enden abrunden und mit einer Gabel das typische Gnocchi-Muster eindrücken.
3. Gnocchi nun in Varoma und Einlegeboden gut verteilen. Nicht übereinanderlegen, da sie sonst zusammenkleben.
4. Wasser einwiegen und salzen, Varoma aufsetzen und **20 Min. / Varoma / Stufe 2** garen.

→

Tipps und Aufbewahrung

Gnocchi zur Lagerung nach dem vollständigen Auskühlen in Aufbewahrungsbehälter füllen und gut verteilen, da sie auch hier sonst zusammenkleben.
Dazu passen unterschiedliche Pestos und Saucen: wie im Wochenplan 9 (S. 135) beschrieben Tomatensauce (S. 46) oder Basilikum-Pesto (S. 142).

Wochenplan 10

Vorhaben und Voraussetzungen

- Sie bereiten für 5 Tage Nachmittags-Snack und Abendessen zu.
- Das Gefrierfach wird diese Woche nicht benötigt.
- Alle Zutaten können am Samstag entsprechend der Bedarfsliste eingekauft werden.

	Snack	Abendessen
Sa	Planung für die Woche und Einkauf nach Bedarfsliste (S. 148)	
So	Meal-Prep-Tag 1	
Mo	1 Portion Schoko-Kuchen im Glas (S. 150)	1 Portion Lachs mit Gemüse und Kräuter-Käse-Sauce (S. 151)
Di	1 Portion Heidelbeer-Kuchen im Glas (S. 149) Meal-Prep-Tag 2	1 Portion Lachs mit Gemüse und Kräuter-Käse-Sauce (S. 151)
Mi	1 Portion Schoko-Kuchen im Glas (S. 150)	1 Portion Brokkoli-Spaghetti (S. 153)
Do	1 Portion Heidelbeer-Kuchen im Glas (S. 149)	3 Stück Spaghetti-Gemüse-Muffins (S. 154) mit 1 Portion Tomatensauce (S. 46)
Fr	1 Portion Schoko-Kuchen im Glas (S. 150)	3 Stück Spaghetti-Gemüse-Muffins (S. 154) mit 1 Portion Tomatensauce (S. 46)

Die Kuchen im Glas, Lachs mit Gemüse und die Tomatensauce werden am Meal-Prep-Tag 1 zubereitet. Am Dienstagabend findet ein zweiter Meal-Prep-Tag statt, an dem die Brokkoli-Spaghetti und die Spaghetti-Gemüse-Muffins zubereitet werden.

Bedarfsliste

- ☐ 2 Lachsfilets à ca. 150 g
- ☐ 100 g (Kräuter-)Frischkäse
- ☐ 100 g Sahne
- ☐ 50 g Raspel-Käse
- ☐ 1 EL geriebener Parmesan
- ☐ 150 g Butter
- ☐ 1 EL Milch
- ☐ 5 Eier
- ☐ 1 Schalotte (oder ½ Zwiebel) + 1 Zwiebel
- ☐ 1 Knoblauchzehe
- ☐ 250 g grüner Spargel
- ☐ 1 grüne Paprikaschote
- ☐ 1 gelbe Paprikaschote
- ☐ 10 Cherrytomaten
- ☐ 250 g Brokkoli
- ☐ ½ Dose gehackte Tomaten (ca. 200 g)
- ☐ 3 EL gehackte oder TK-Kräuter, z. B. Rosmarin, Basilikum, Petersilie
- ☐ 1 reife Banane
- ☐ 50 g Heidelbeeren
- ☐ 1 Bio-Zitrone
- ☐ 150 g Spaghetti
- ☐ 250 g Mehl
- ☐ 1 Päckchen Backpulver
- ☐ 2 EL Kakaopulver
- ☐ 40 g Honig (oder Süßungsmittel nach Wahl, z. B. Zucker, Agavendicksaft)
- ☐ Zucker (oder Süßungsmittel nach Wahl
- ☐ Vanillepulver
- ☐ ½ Röhrchen Rumaroma (optional)
- ☐ 1 EL Tomatenmark
- ☐ 1 TL mittelscharfer Senf
- ☐ 2 TL Gemüsebrühepulver
- ☐ 2 EL + 2 TL Öl, z. B. Olivenöl
- ☐ Salz, Pfeffer
- ☐ Paprikapulver edelsüß und rosenscharf
- ☐ Chilipulver (optional)
- ☐ gemahlene Muskatnuss
- ☐ 2000 g Wasser

Rezepte der Woche

Kuchen im Glas

Für 5 Stück (5 ofenfeste Gläser à 400 ml)
Pro Portion: 486 kcal / 46,2 g KH / 28,8 g F / 9,7 g P

- 1 reife Banane
- 150 g weiche Butter
- 40 g Honig (oder Süßungsmittel nach Wahl, z. B. Zucker, Agavendicksaft)
- 1 Prise Vanillepulver
- 3 Eier
- 250 g Mehl
- 1 Päckchen Backpulver

Heidelbeer-Variante

Pro Portion: 496 kcal / 48 g KH / 28,9 g F / 9,8 g P

- 50 g Heidelbeeren

Schoko-Variante

Pro Portion: 513 kcal / 46,8 g KH / 30,4 g F / 11,2 g P

2 EL Kakaopulver
½ Röhrchen Rumaroma (optional)
1 EL Milch

1. Backofen auf 150 °C Umluft vorheizen, Gläser ausfetten.
2. Grundrezept (S. 149) zubereiten: Banane schälen, in groben Stücken in den Mixtopf geben und **15 Sek. / Stufe 6** pürieren.
3. Butter, Honig, Vanille und Eier hinzufügen und **30 Sek. / Stufe 4** verquirlen.
4. Mehl und Backpulver hinzufügen und **15 Sek. / Stufe 5** vermischen.
5. Zwei Fünftel des Teiges aus dem Mixtopf entnehmen und auf 2 Gläser verteilen.
6. Heidelbeeren waschen und abtrocknen, in die beiden Gläser verteilen und mithilfe eines Löffels unterrühren.
7. Kakaopulver, nach Belieben Rumaroma und Milch zum restlichen Teig in den Mixtopf geben und nochmals **10 Sek. / Stufe 5** verrühren. Danach auf die restlichen 3 Gläser verteilen.
8. Gläser ohne Deckel in den Backofen geben und 40–50 Min. backen. Mit der Stäbchenprobe überprüfen, ob der Kuchen schon fertig ist. Falls kein Teig mehr am Holzstäbchen kleben bleibt, ist er durchgebacken.

Tipps und Aufbewahrung

Im Kühlschrank sind die Kuchengläser 1 Woche haltbar.

Lachs mit Gemüse und Kräuter-Käse-Sauce

Für 2 Portionen
Pro Portion: 518 kcal / 15 g KH / 27,8 g F / 46,7 g P

- 2 Lachsfilets à ca. 150 g
- Salz, Pfeffer
- 250 g grüner Spargel
- 1 grüne Paprikaschote
- 1 gelbe Paprikaschote
- 10 Cherrytomaten
- 250 g Brokkoli
- 2 EL Öl, z. B. Olivenöl
- 2 EL gehackte oder TK-Kräuter, z. B. Rosmarin, Basilikum, Petersilie
- 1 Bio-Zitrone
- 800 g Wasser
- 1 ½ EL Gemüsebrühepulver
- 100 g (Kräuter-)Frischkäse
- 1 TL mittelscharfer Senf

→

1. Lachsfilets abwaschen, trocken tupfen, salzen und pfeffern.
2. Spargel waschen, evtl. holzige Enden abschneiden.
3. Paprikaschoten waschen, Kerngehäuse entfernen und in Streifen schneiden.
4. Tomaten waschen, abtrocknen und halbieren.
5. Brokkoli waschen, trocken tupfen und in kleine Röschen schneiden.
6. Spargel, Paprika und Tomaten im Varoma verteilen. Backpapier auf die Größe des Varoma zuschneiden, mit Wasser anfeuchten, gut auswringen und in den Varoma-Einlegeboden geben. Die Lachsfilets darauf legen und die Brokkoliröschen daneben auflegen.
7. Öl und 1 EL Kräuter in einer kleinen Schüssel vermischen und über Fisch und Gemüse träufeln.
8. Zitrone waschen, in Scheiben schneiden und auf die Lachsfilets geben.
9. Wasser und 1 EL Gemüsebrühepulver in den Mixtopf geben
10. Varoma aufsetzen und **25–30 Min. / Varoma / Stufe 1** garen.
11. Varoma absetzen. Garflüssigkeit ausgießen, 500 g der Flüssigkeit auffangen und wieder in den Mixtopf geben. Frischkäse und restliche Kräuter, Salz, Pfeffer und Senf hinzufügen. **4 Min. / 100 °C / Stufe 3** köcheln lassen.

Ein Teil des gedünsteten Gemüses wird für die Spaghetti-Muffins und Brokkoli-Spaghetti verwendet: Dazu ca. 60 g von Brokkoli und Paprika in kleinere Stücke schneiden, in eine Schüssel umfüllen und für die Spaghetti-Gemüse-Muffins (S. 154) aufheben. 100 g des Brokkoli werden für die Brokkoli-Spaghetti (S. 153) verwendet.

Tipps und Aufbewahrung

Nach dem vollständigen Abkühlen Lachsfilets und verbleibendes Gemüse auf 2 Portionen verteilen. Die Kräuter-Käse-Sauce separat aufbewahren und erst kurz vor dem Verzehr hinzufügen.
Im Kühlschrank 2–3 Tage haltbar.

Brokkoli-Spaghetti

Für 1 Portion
Pro Portion: 423 kcal / 72,5 g KH / 7,3 g F / 15,4 g P

- 1200 g Wasser
- 1 TL Olivenöl
- 1 EL Salz
- 150 g Spaghettim, roh (Nach dem Kochen 1/3 davon für Spaghetti-Gemüse-Muffins, S. 154, aufheben.)
- 100 g Brokkoli, gekocht (gedünstet mit dem Lachs, S. 151)
- 1 EL geriebener Parmesan

1. Wasser, Öl und Salz in den Mixtopf geben und in ca. **10 Min. / 100 °C / Stufe 1** aufkochen.
2. Spaghetti durch den Mixtopfdeckel hinzufügen und ca. **8–10 Min.* / 100 °C / Linkslauf / Stufe 1** kochen. Danach abseihen.
3. Ein Drittel der Spaghetti für die Gemüse-Muffins in eine Schüssel umfüllen. Den Rest in einen Aufbewahrungsbehälter geben und mit Brokkoli und Parmesan vermischen.

Dazu gibt es diese Woche 3–4 EL der Kräuter-Käse-Sauce, die mit dem Lachs (S. 151) zubereitet wurde.

Tipps und Aufbewahrung

Nach dem vollständigen Auskühlen die Brokkoli-Spaghetti in einen Aufbewahrungsbehälter füllen. Die Kräuter-Käse-Sauce kurz vor dem Verzehr hinzufügen und alles vermischen.
*Garzeit der Spaghetti variiert nach Sorte. Bitte die Packungsangabe beachten!

Spaghetti-Gemüse-Muffins

Für 6 Stück (Muffinblech)
Pro Stück: 128 kcal / 7,6 g KH / 8 g F / 6,3 g P

- ½ Zwiebel
- 100 g Sahne
- 2 Eier
- 50 g Raspel-Käse
- Salz, Pfeffer
- gemahlene Muskatnuss
- 50 g Raspel-Käse
- 120 g gekochte Spaghetti (aus dem Rezept Brokkoli-Spaghetti, S. 153)
- 60 g Brokkoli-Paprika-Mischung (aus dem Rezept Lachs mit Gemüse, S. 151)

1. Backofen auf 180 °C Umluft vorheizen.
2. Zwiebel abziehen, in den Mixtopf hinzufügen und **5 Sek. / Stufe 5** hacken.
3. Sahne, Eier und Gewürze hinzufügen und **15 Sek. / Stufe 4** verquirlen.
4. 30 g Käse und die Gemüse-Mischung hinzufügen und **10 Sek. / Linkslauf / Stufe 2** vermischen.
5. Muffinblech einfetten, die gekochten Spaghetti auf 6 Muffinmulden aufteilen und mit der Gemüse-Käse-Masse begießen.
6. Den restlichen Käse über die Muffins streuen.
7. In den Ofen schieben und 20–25 Min. backen.

Tipps und Aufbewahrung

Nach dem vollständigen Auskühlen in einen Aufbewahrungsbehälter füllen. Im Kühlschrank 3–4 Tage haltbar.

Zusatzrezepte und Kombi-Ideen

Lunch-to-go-Kombi 1

→

Couscous-Hähnchen-Mix

Für 2 Portionen
Pro Portion: 548 kcal / 71,2 g KH / 9,9 g F / 37,4 g P
(Foto siehe S. 155, Nr. 1)

1 Knoblauchzehe
2 EL Zitronensaft
1 EL Tomatenmark
2 EL Sojasauce
200 g Hähnchenbrust
Salz, Pfeffer
1 rote Paprikaschote
2 Karotten
100 g TK-Erbsen
1100 g Wasser
1 EL Gemüsebrühepulver
1 EL gehackte oder TK-Kräuter, z. B. Petersilie oder Koriander)
150 g Couscous
1 TL Butter

1. Knoblauch abziehen und pressen, in eine Schüssel geben.
2. Zitronensaft, Tomatenmark und Sojasauce hinzufügen und vermischen.
3. Hähnchenbrust waschen, trocken tupfen und in Streifen schneiden. In die Schüssel geben, mit Salz und Pfeffer würzen und mit der Marinade vermischen. Mindestens 20 Min. ziehen lassen.
4. Währenddessen Paprika waschen, Kerngehäuse entfernen und in Viertel schneiden.
5. Karotten waschen, schälen und der Länge nach halbieren.
6. Paprika, Karotten und Erbsen in den Varoma geben, das Hähnchengeschnetzeltes auf dem Varoma-Einlegeboden verteilen.
7. Wasser einwiegen, Gemüsebrühepulver und Kräuter hinzufügen, Mixtopfdeckel schließen und Varoma aufsetzen. **25 Min. / Varoma / Stufe 1** garen.
8. 150 ml Gemüsebrühe aus dem Mixtopf über den Couscous gießen und ca. 5 Min. ziehen lassen.*
9. Paprika und Karotten in der Zwischenzeit in kleine Stücke schneiden.
10. Butter und etwas Salz zum Couscous hinzufügen, Erbsen, Gemüsestücke und Hähnchen-Geschnetzeltes hinzufügen, mit der Gabel durchmischen und auflockern.
11. Nach dem vollständigen Auskühlen in 2 Aufbewahrungsbehälter füllen.

Tipps und Aufbewahrung

*Ziehzeit kann variieren. Bitte die Packungsangabe beachten!
Im Kühlschrank ist der Mix ca. 2 Tage haltbar.

Rote-Bete-Feta-Salat mit Walnüssen

Für 2 Portionen
Pro Portion: 374 kcal / 12,8 g KH / 30,3 g F / 10,2 g P
(Foto siehe S. 155, Nr. 2)

300 g gekochte, vakuumierte Rote Beten
70 g Feta
2 EL Walnüsse
Für das Dressing:
1 Schalotte
4 EL Essig, z. B. Balsamico weiß
3 EL Öl, z. B. Walnussöl
2 EL Wasser
1 TL Ahornsirup (oder Süßungsmittel nach Wahl)
1 TL Meerrettich
Salz, Pfeffer

1. Rote Bete abwaschen, in Scheiben schneiden und in 2 Aufbewahrungsbehälter verteilen.
2. Feta in den Mixtopf geben und **2–3 Sek. / Stufe 5** zerkleinern, über die Rote Bete verteilen.
3. Walnüsse im Mixtopf **2–3 Sek. / Stufe 5** grob zerkleinern. Den Salat damit bestreuen.
4. Schalotte abziehen, in den Mixtopf geben und **5 Sek. / Stufe 5** hacken.
5. Restliche Zutaten für das Dressing hinzufügen und **10 Sek. / Stufe 4** vermischen. Das Dressing kann sofort über den Salat gegeben werden, damit er gut durchzieht.

Tipps und Aufbewahrung

Der Salat ist im Kühlschrank 2–3 Tage haltbar.

Blattspinat-Smoothie

Für 2 Portionen
Pro Portion: 253 kcal / 30,7 g KH / 2,1 g F / 9,6 g P
(Foto siehe S. 155, Nr. 3)

150 g Blattspinat
1 Banane
1 Apfel
ca. 300 g kaltes Wasser
1 EL Honig

1. Blattspinat waschen, verlesen und in den Mixtopf geben.
2. Banane schälen, Apfel waschen, Kerngehäuse vom Apfel entfernen. Banane und Apfel in grobe Stücke schneiden und in den Mixtopf hinzufügen. **30 Sek. / Stufe 10** mixen.
3. Wasser und Honig einfüllen und **30 Sek. / Stufe 10** cremig mixen. Je nach gewünschter Konsistenz etwas Wasser hinzufügen und nochmals pürieren.
4. In 2 Glasbehälter umfüllen und in den Kühlschrank stellen.

Tipps und Aufbewahrung

Grüne Smoothies sollten zeitnah verzehrt werden und sind ca. 2 Tage im Kühlschrank haltbar. Zum Transport können sie in eine Trinkflasche oder in ein verschließbares Glas gefüllt werden.

Lunch-to-go-Kombi 2

Sesam-Hähnchen mit Reis

Für 2 Portionen
Pro Portion: 481 kcal / 50,2 g KH / 12,5 g F / 40,8 g P
(Foto siehe S. 159, Nr. 1)

- 1 Knoblauchzehe
- 2 EL Essig, z. B. Balsamico dunkel
- 1 EL Honig
- 1 EL Öl, z. B. Sesamöl
- 1 EL + 1 TL Sesamsamen
- 300 g Hähnchenbrust
- Salz, Pfeffer
- 150 g Reis (mit Garzeit ca. 20 Min.)
- 1000 g Wasser
- 1 EL Gemüsebrühepulver

1. Knoblauch abziehen und pressen, in eine Schüssel geben.
2. Essig, Honig, Öl und 1 EL Sesamsamen hinzufügen und vermischen.
3. Hähnchenbrust waschen, trocken tupfen und in Streifen schneiden. In die Schüssel geben, mit Salz und Pfeffer würzen und mit der Marinade vermischen. Mindestens 20 Min. ziehen lassen.
4. Reis in den Gareinsatz geben, mit warmem Wasser abspülen und abtropfen lassen.
5. Backpapier auf die Größe des Varoma zuschneiden, mit Wasser anfeuchten, gut auswringen und in den Varoma-Einlegeboden geben. Die marinierten Hähnchenbrustfiletstücke darauf verteilen.
6. Wasser und Gemüsebrühepulver in den Mixtopf geben.
7. Gareinsatz mit Reis einhängen.
8. Varoma aufsetzen und **20–25 Min. / Varoma / Stufe 2** garen.
9. Danach Reis und Hähnchen-Geschnetzeltes in 2 Aufbewahrungsbehälter füllen. Mit den restlichen Sesamsamen bestreuen.

Tipps und Aufbewahrung

Im Kühlschrank ist das Gericht 5–6 Tage haltbar.
Dazu schmeckt der Sourcream-Dip (S. 125) oder die Tomatensauce (S. 46).

Gemüse-Salat-Box mit Tsatziki-Dip

Für 2 Portionen
Pro Portion: 297 kcal / 22,3 g KH / 17,8 g F / 7,6 g P
(Foto siehe S. 159, Nr. 2)

- 2 Karotten
- 1 rote Paprikaschote
- 2 Tomaten
- 2 Handvoll gemischter Salat, z. B. Lollo Rosso, Kopfsalat, Feldsalat
- 1 Salatgurke
- 1 Knoblauchzehe
- ½ Bund Dill (oder 1 ½ EL TK-Dill)
- 250 g griechischer Joghurt
- 1 EL Zitronensaft (oder Essig)
- 1 EL Öl, z. B. Olivenöl
- Salz, Pfeffer

1. Karotten waschen und nach Bedarf schälen. In Stücke schneiden.
2. Paprika waschen, Kerngehäuse entfernen und in Streifen schneiden.
3. Tomaten waschen, abtrocknen und in Viertel schneiden.
4. Salat waschen, verlesen und abtropfen lassen oder in einer Salatschleuder trocken schleudern.
5. Gurke waschen, ca. 15 cm abschneiden, schälen und in grobe Stücke schneiden. In den Mixtopf geben und **5 Sek. / Stufe 5** klein hacken. In ein Küchentuch geben und das überschüssige Wasser ausdrücken. Die restliche Gurke kann in Scheiben mit in die Gemüse-Salat-Box gegeben werden.
6. Gemüse und Salat nach Belieben in 2 Aufbewahrungsbehälter schichten.
7. Knoblauch abziehen, Dill waschen, trocken schütteln und kleiner zupfen. Das Messer **5 Sek. / Stufe 5** laufen lassen, beides durch die Mixtopf-Öffnung einrieseln lassen und zerkleinern.
8. Gurkenraspel, Joghurt, Zitronensaft, Öl und Gewürze hinzufügen und **20 Sek. / Stufe 3** cremig rühren. In einem separaten Aufbewahrungsbehälter lagern und vor dem Verzehr über Gemüse und Salat geben oder zum Dippen verwenden.

Tipps und Aufbewahrung

Mischung und Dip im Kühlschrank lagern und innerhalb von 2 Tagen verzehren.

Gelber Smoothie

Für 2 Portionen
Pro Portion: 153 kcal / 33,1 g KH / 0,8 g F / 1,7 g P
(Foto siehe S. 159, Nr. 3)

- 1 Mango (Fruchtfleisch in Stücken)
- Saft einer Zitrone
- 1 EL Honig
- 300 g Orangensaft
- 100 g Wasser

1. Alle Zutaten in den Mixtopf geben und **10 Sek. / Stufe 10** pürieren.
2. In 2 Glasflaschen oder verschließbare Gläser umfüllen.

Tipps und Aufbewahrung

Im Kühlschrank ist der Smoothie 2–3 Tage haltbar. Zum Transport kann er in eine Trinkflasche oder in ein verschließbares Glas gefüllt werden.

Schokowaffeln

Für 6 Stück (im belgischen Waffeleisen)
Pro Portion: 188 kcal / 26,1 g KH / 4,7 g F / 8 g P
(Foto siehe S. 159, Nr. 4)

1 reife Banane
3 Datteln, getrocknet (oder 25 g Süßungsmittel nach Wahl, z. B. Honig)
1 Prise Salz
100 g Naturjoghurt
2 Eier
150 g Dinkelvollkornmehl
1 TL Backpulver
30 g Backkakao
Öl zum Fetten des Waffeleisens

1. Waffeleisen vorheizen und einfetten.
2. Banane, Datteln, Salz, Joghurt und Eier **30 Sek. / Stufe 5** mixen.
3. Mehl, Backpulver und Kakao in den Mixtopf hinzufügen und **15 Sek. / Stufe 5** vermischen.
4. Waffeln nacheinander herausbacken. Nach jedem Backvorgang das Waffeleisen wieder fetten, damit die nächste Waffeln nicht anklebt.
5. Nach dem Abkühlen in Aufbewahrungsbehälter umfüllen.

Tipps und Aufbewahrung

Im Kühlschrank halten sich die Schokowaffeln 3–4 Tage. Dazu schmecken frische Beeren.

Marinaden für Fleisch und Geflügel

Diese pikanten Marinaden passen zu Fleisch- und Geflügel-Gerichten. Alles lässt sich zusammen auf einem Blech zubereiten.

Tipp: Auch die Senf-Honig-Marinade (Nr. 2 auf dem Bild), die für Putengeschnetzeltes (S. 39) zubereitet wird, ist eine leckere Variante.

Kräuter-Marinade

Für ca. 250 g Fleisch oder Geflügel / mind. 2 Portionen
Pro Portion: 223 kcal / 6,8 g KH / 20,4 g F / 1,5 g P
(Foto siehe S. 164, Nr. 1)

- 1 Handvoll Petersilie
- 3 Stängel Oregano
- 2 Stängel Schnittlauch
- ½ Zwiebel
- 1 Knoblauchzehe
- 3 EL Essig, z. B. Balsamico dunkel
- 2 EL Sojasauce
- 4 EL Öl, z. B. Olivenöl
- 1 EL Zitronensaft
- 1 EL flüssiger Honig
- Salz, Pfeffer

1. Petersilie, Oregano und Schnittlauch waschen, trocken schütteln und kleiner zupfen. Das Messer **5 Sek. / Stufe 6** laufen lassen und die Kräuter durch die Mixtopf-Öffnung einrieseln lassen und zerkleinern.
2. Zwiebel und Knoblauchzehe abziehen, in den Mixtopf hinzufügen und **5 Sek. / Stufe 5** alles zerkleinern.
3. Essig, Sojasauce, Öl, Zitronensaft, Honig und Gewürze hinzufügen und **15 Sek. / Linkslauf / Stufe 4** vermischen.

Fruchtige Marinade

Für ca. 250 g Fleisch oder Geflügel / mindestens 2 Portionen
Pro Portion: 249 kcal / 11 g KH / 20 g F / 2,8 g P
(Foto siehe S. 164, Nr. 3)

½ Zwiebel
1 Knoblauchzehe
3 EL Tomatenmark
50 g Essig, z. B. Balsamico dunkel
2 EL Sojasauce
4 EL Öl, z. B. Olivenöl
1 EL flüssiger Honig
Salz, Pfeffer
Paprikapulver edelsüß und rosenscharf (optional)

1. Zwiebel und Knoblauchzehe abziehen, in den Mixtopf hinzufügen und **5 Sek. / Stufe 5** zerkleinern.
2. Restliche Zutaten hinzufügen und **15 Sek. / Linkslauf / Stufe 4** vermischen.

Tipps und Aufbewahrung

Marinade über Fleisch oder Geflügel geben und mindestens eine halbe Stunde durchziehen lassen. Das Fleisch kann vorher in kleine Streifen geschnitten werden, Verschlossen ist die Marinade im Kühlschrank mindestens 1 Woche haltbar.
Man kann sie auch zusammen mit dem Fleisch in einen Gefrierbeutel geben, vorsichtig verkneten und einfrieren. Dabei zieht die Marinade sehr gut ein. So kann das Gericht zudem schnell zum Auftauen herausgelegt und zubereitet werden, beispielsweise zum Grillen.

Rezeptübersicht

Dressings, Saucen, Dips und Co.

Empfehlungen und Bezugsquellen

Lunchboxen für die beliebtesten Mahlzeiten to go gibt es von EMSA. Mit den CLIP & GO Lunchboxen wird jedes Essen – egal ob Müsli, Salat, Sandwiches oder Lunch – richtig und auslaufsicher transportiert. Weitere Infos zu den Lunchboxen – made in Germany – und Onlinehändlern gibt es unter: www.emsa.com/clip-and-go

Bild- und Rezeptnachweis

S. 37–38: Brokkolitaler (Rezept + Foto): Diana Ruchser, schwarzgrueneszebra.de
S. 55–56: Gemüsesuppe asiatische Art (Rezept + Foto): Diana Ruchser, schwarzgrueneszebra.de
S. 57–58: Linseneintopf (Rezept + Foto): Diana Ruchser, schwarzgrueneszebra.de
S. 59: Froyo-Bites (Rezept + Foto): Miriam Matin
S. 60–62: Crêpes, süß und pikant (Rezept + Foto): Vanessa Faschingbauer, #vanvanblabla
S. 63–65: Flammkuchen, süß und pikant (Rezept + Foto): Vanessa Faschingbauer, #vanvanblabla
S. 78–80: Milchreis-Varianten (Rezept): Vanessa Faschingbauer, #vanvanblabla
S. 120–121: Tofu-Steaks mit Ofengemüse und Dip (Rezept + Foto): Christopher Breitfuß, #fussal93
S. 139–140: Wraps (Rezept + Foto): Marisa Böckler, #marisastable

S. 9: AnatStudio/shutterstock.com; S. 10: Von Cozine/shutterstock.com; S. 11: Viktoriya Popova/shutterstock.com; S. 12: links oben: George Rudy/shutterstock.com; S. 12: Mitte rechts: stockfour/shutterstock.com; S. 12: links unten: karins/shutterstock.com; S. 13: limonstrik/shutterstock.com; S. 14: sergiophoto/shutterstock.com; S. 15: Bon Appetit/shutterstock.com; S. 16: BravissimoS/shutterstock.com; S. 17: rechts oben: dimitris_k/shutterstock.com; S. 17: Mitte links: Ahanov Michael/shutterstock.com; S. 22: 3xy/shutterstock.com; S. 31: Sergey Fatin/shutterstock.com; S. 33: Oksana Mizina/shutterstock.com; S. 40: IriGri/shutterstock.com; S. 41: HandmadePictures/shutterstock.com; S. 43: Fortyforks/shutterstock.com; S. 45: PosiNote/shutterstock.com; S. 46: Sea Wave/shutterstock.com; S. 65: aliasemma/shutterstock.com; S. 77: AnastasiaKopa/shutterstock.com; S. 79: Gamzova Olga/shutterstock.com; S. 80: gkrphoto/shutterstock.com; S. 81: Andrei Mayatnik/shutterstock.com; S. 82: ArtCookStudio/shutterstock.com; S. 83: Food Photography for Biz/shutterstock.com; S. 84: Platslee/shutterstock.com; S. 95: Eivaisla/shutterstock.com; S. 96: Nataliya Arzamasova/shutterstock.com; S. 97: Razmarinka/shutterstock.com; S. 98: NINALOVESFOOD/shutterstock.com; S. 100: Eskymaks/shutterstock.com; S. 101: Wisa Thananimit/shutterstock.com; S. 106: Elena Veselova/shutterstock.com; S. 108: Vladyslav Rasulov/shutterstock.com; S. 109+111: Elena Veselova/shutterstock.com; S. 112: Arina P Habich/shutterstock.com; S. 114: Elena Veselova /shutterstock.com; S. 118, 119: istetiana/shutterstock.com; S. 122: msheldrake/shutterstock.com; S. 123: YuliiaHolovchenko/shutterstock.com; S. 125: Nataliya

Arzamasova/shutterstock.com; S. 129: Heike Rau/shutterstock.com; S. 130: Mirabelle Pictures/shutterstock.com; S. 131: Cesarz/shutterstock.com; S. 133: ichox/shutterstock.com; S. 138: MShev/shutterstock.com; S. 141: YuliiaHolovchenko/shutterstock.com; S. 142: Dmytro Mykhailov/shutterstock.com; S. 143: marco mayer/shutterstock.com; S. 144: MariaKovaleva/shutterstock.com; S. 145: Slawomir Fajer/shutterstock.com; S. 146: oben: PROVENZA/shutterstock.com; S. 146: unten: gkrphoto/shutterstock.com; S. 149: SEAGULL_L/shutterstock.com; S. 150: Bartosz Luczak/shutterstock.com; S. 151: Anastasiia Petrych/shutterstock.com; S. 153: MShev/shutterstock.com; S. 154: Nannycz/shutterstock.com; S. 155: Jana Pavlovcova/shutterstock.com; S. 159: NatalyaBond/shutterstock.com; S. 164: AGITA LEIMANE/shutterstock.com

Danksagung

Männer an den Herd! Egal, ob vegan oder vegetarisch, süß oder herzhaft – **Christopher**, auch bekannt als **@fussal93** auf Instagram, liebt es in der Küche mit seinen Zutaten zu experimentieren und seine Kreationen schmackhaft in Szene zu setzen. Sein Motto: Genuss kann auch ganz einfach sein!

Diana vom Blog **www.schwarzgrueneszebra.de** teilt auf Ihrer Seite jede Woche leckere Low–Carb-Rezepte. Nicht nur schnelle Gerichte für jeden Tag, sondern auch Außergewöhnliches für die besonderen Momente oder den süßen Zahn. Ihr Motto lautet: Geht nicht, gibt's nicht!

Marisa von **Marisa's Table** zeigt auf ihrem Blog **www.marisastable.com** und ihrem Instagram-Account **@marisas.table**, wie man sich auch trotz Lebensmittel-Intoleranzen und Allergien den Alltag versüßen kann. Mit farbenfrohen Bildern, leckeren Rezepten und ganz viel Leidenschaft präsentiert sie wöchentlich ihre liebsten Gerichte und Tipps rund ums Essen!

Dir fehlt die Motivation, dich in die Küche zu stellen und etwas Gesundes zu kochen? Dass dem nicht so sein muss, zeigt Vanessa F. Wie man schnelle und vor allem eiweißreiche Gerichte und Süßspeisen zubereitet, zeigt sie auf ihrem Instagram-Account: **@vanessas.gymfood.**

Über die Autorin

Veronika Pichl, Jahrgang 1980, ist erfolgreiche Buchautorin zu den Themen Abnehmen, Ernährung, Bewegung und Glücklich sein. Sie entwickelt Ratgeber für den riva Verlag und den von ihr selbst gegründeten Happy Fit Food Verlag (www.happyfitfood.de).